MAJA STORCH

Das Geheimnis kluger Entscheidungen

Buch

Wer gute Entscheidungen trifft, hat mehr vom Leben. Und das wichtigste Hilfsmittel dazu ist der eigene Körper. Denn um kluge Entscheidungen im Alltag und im Beruf zu fällen, braucht es mehr als einen klaren Kopf. Die neuesten wissenschaftlichen Erkenntnisse belegen, dass wir ohne unsere Emotionen und unser Unterbewusstes nichts entscheiden. Wir spüren »einen Kloß im Hals« oder »Schmetterlinge im Bauch«. Anstatt diese Signale als Störfaktoren abzutun, können wir lernen, sie zu nutzen. Je besser wir sie verstehen, umso glücklicher werden wir mit unseren Entscheidungen sein und sie auch überzeugend vertreten können.

Autorin

Maja Storch, geboren 1958, Dr. phil., ist Diplompsychologin, Psychodramatherapeutin und Jung'sche Psychoanalytikerin. Sie arbeitet als wissenschaftliche Mitarbeiterin an der Universität in Zürich und in der Erwachsenenbildung mit Schwerpunkt Persönlichkeitsentwicklung, Psychotherapie und Coaching. Sie lebt in Süddeutschland.

www.majastorch.de

Von Maja Storch ist bei Goldmann außerdem erschienen:

Die Sehnsucht der starken Frau nach dem starken Mann (15119)
Wenn starke Frauen sich verlieben (16459)

Maja Storch

Das Geheimnis kluger Entscheidungen

Von somatischen Markern, Bauchgefühl und Überzeugungskraft

Mit Illustrationen der Autorin

GOLDMANN

Umwelthinweis:
Alle bedruckten Materialien dieses Taschenbuches
sind chlorfrei und umweltschonend.

Der Goldmann Verlag ist ein Unternehmen
der Verlagsgruppe Random House GmbH.

2. Auflage
Vollständige Taschenbuchausgabe April 2005
Wilhelm Goldmann Verlag, München,
in der Verlagsgruppe Random House GmbH

Umschlaggestaltung: Design Team München
Satz: Uhl + Massopust, Aalen
Druck: GGP Media GmbH, Pößneck
Verlagsnummer: 15271
KF · Herstellung: Sebastian Strohmaier
Made in Germany
ISBN 3-442-15271-2
www.goldmann-verlag.de

Inhalt

Was ist eine kluge Entscheidung?

»Ja, wenn ich das wüsste ...!«, werden Sie vielleicht seufzen. Mit dieser Unsicherheit sind Sie nicht allein. Jeder Mensch kennt Situationen, in denen die Antwort auf diese Frage furchtbar schwierig zu sein scheint. Vermutlich haben Sie bei Ihrem Seufzer an besonders verwickelte Entscheidungssituationen gedacht. Situationen, in denen Sie zwischen zwei Alternativen hin und her gerissen waren. In denen Sie damit begonnen haben, Punktelisten zu führen und die Vor- und Nachteile der in Frage kommenden Alternativen säuberlich zu verzeichnen. Doch Ihre Hoffnung, am Ende Ihrer Liste ein eindeutiges Ergebnis zugunsten der einen oder der anderen Wahlmöglichkeit aufzufinden, wurde enttäuscht. Die beiden Möglichkeiten hielten sich die Waage. Sie waren genauso klug wie vorher. Und Sie waren nicht fähig zu entscheiden. »Eigentlich könnte ich auch eine Münze werfen!«, sagen manche Menschen in einer solchen Situation. Und einige entscheiden dann auch tatsächlich auf diese Art. Andere Menschen befragen ihren Freundeskreis und richten sich in ihrer Entscheidung danach, was hilfsbereite Ratgeber/-innen meinen.

Doch es geht auch anders. Denn wie jeder Mensch haben Sie die Möglichkeit, Ihre Entscheidungen *selbst zu* fällen. Schließlich handelt es sich ja um Ihr Leben, oder etwa nicht? Und weil es Ihr Leben ist, tun Sie gut daran, die Gestaltungsspielräume, die Sie haben, mit Ihren eigenen Entscheidungen auszufüllen und diese nicht dem Zufall, dem Schicksal oder anderen Menschen zu überlassen.

Dieses Buch handelt vom Entscheiden. Ich habe es geschrieben, weil ich davon überzeugt bin, dass die Zeit reif dafür ist, das Know-how vom guten Entscheiden möglichst vielen Menschen zugänglich zu machen. An den Universitäten hat sich in den letzten Jahren ein fundiertes Wissen darüber angesammelt, wie Entscheidungsprozesse verlaufen. Insbesondere die Psychologie und die Gehirnforschung haben sich damit intensiv beschäftigt. Heute ergänzen sich die beiden Fachrichtungen aufs Fruchtbarste; sie arbeiten sich gewissermaßen in die Hände.

Ich möchte Sie dazu einladen, dieses Wissen kennen zu lernen. Und ich möchte Ihnen zeigen, wie Sie dieses Wissen dazu nutzen können, kluge Entscheidungen zu treffen. Natürlich kann dieses Buch keinen Menschen davor bewahren, Irrtümer zu begehen oder unter Druck eine Fehlentscheidung vorzunehmen. Manchmal greift auch das Leben selbst ein und macht eigene Entscheidungen überflüssig, weil es einfach Fakten schafft. Es wäre ein falscher Anspruch, angesichts der Vielfalt an Wahlmöglichkeiten, die uns umgeben, immer das Richtige tun zu wollen. Fehlerfreundlichkeit ist eine Kompetenz, die für ein geglücktes Leben genauso wichtig ist wie die Kompetenz, gute Entscheidungen zu fällen.

Mit diesem Buch möchte ich Ihnen einen grundlegenden Einblick in die Art und Weise vermitteln, wie Ihr Gehirn entscheidet, und Ihnen Informationen darüber geben, wie Sie dieses Wissen in Ihren ganz persönlichen Entscheidungssituationen einsetzen können. Wenn Sie es gelesen haben, werden Sie einige Entscheidungen anders fällen als früher, das verspreche ich Ihnen.

Ich habe das Buch aus zwei Teilen aufgebaut. Im ersten Teil erhalten Sie einen Einblick in das spannende Gebiet der Gehirnforschung. Sie müssen sich hierfür ein wenig Zeit zum Lesen nehmen, Sie werden auch das eine oder andere Fremdwort kennen und verstehen lernen. Sie werden zum Beispiel die Forschungsarbeit des Gehirnforschers Antonio Damasio kennen lernen und erfahren, was »somatische Marker« sind. Mir ist nämlich wichtig, Ihnen gut zu erklären, was im Gehirn, in der Psyche und im Körper abläuft, wenn wir Entscheidungen treffen. Dies tue ich, weil ich der Überzeugung bin, dass ein Mensch, der verstanden hat, wie sein Gehirn und seine Psyche funktionieren, besser in der Lage ist, eigenständige Entscheidungen zu treffen als ein Mensch, der sich und sein Handeln schematisch nach irgendwelchen »7 Tipps zum Erfolg« ausrichtet.

Ein Mensch, der die wichtigen Grundprinzipien des Entscheidens verstanden hat, ist in der Lage, diese flexibel anzuwenden. Er ist im Stande, Situationen, in denen er wenig erfolgreich war, selbst zu analysieren und aus Versuch und Irrtum zu lernen. Ein Mensch hingegen, der die »7 Tipps zum Erfolg« verwendet wie ein Backrezept, weiß nicht weiter, wenn die 7 Tipps einmal den Dienst versagen. Und dies tun sie mit Sicherheit über kurz oder lang. In diesen Fällen ist es immer von Vorteil, wenn Sie in der Lage sind, Ihre eigenen Lösungen zu entwickeln.

Den zweiten Teil des Buches habe ich als Leitfaden zur praktischen Anwendung geschrieben. Anhand von Beispielen erläutere ich, wie Sie das Wissen, das ich Ihnen im ersten Teil vermittelt habe, im Alltag einsetzen können.

Ich habe beide Teile mit vielen Illustrationen gewürzt, um die psychologischen Vorgänge sichtbar und damit besser verständlich zu machen. Meine Absicht ist, dass Sie am Ende dieses Buches das Geheimnis guter Entscheidungen für sich ganz persönlich gelüftet haben, dass Sie dann einige Entscheidungen besser treffen als früher und dass Sie auch über die wesentlichen Argumente verfügen, warum Sie das tun. Denn dann haben Sie die Möglichkeit, Ihre Entscheidungen zu begründen, die Mitmenschen, die Ihnen wichtig sind, von Ihrem Vorgehen in Kenntnis zu setzen und sie vielleicht sogar davon zu überzeugen.

TEIL I

Wie Gehirn und Körper beim Entscheiden zusammenarbeiten

Das Geheimnis kluger Entscheidungen

Wer das Geheimnis kluger Entscheidungen ergründen will, muss zunächst die herkömmliche Vorstellung davon, was gute Entscheidungen ausmacht, verabschieden. Bisher gingen die meisten Forscher/innen und Denker/innen davon aus, dass gute Entscheidungen auf Vorgängen basieren, die man in der Alltagssprache mit Begriffen wie »Verstand«, »Vernunft« oder »Denken« bezeichnet. Emotionen oder Körperempfindungen, wie sie zum Beispiel in Wörtern wie »Bauchgefühl« oder »Herzenswunsch« auftauchen, wurde bei Entscheidungen höchstens die Rolle eines Störenfrieds zugebilligt. Dieser Sachverhalt zeigt sich in Bemerkungen wie: »Sei doch vernünftig!« oder »Jetzt benutze endlich

deinen Verstand!« oder »Versuch doch mal, klar zu denken!« Nach der herkömmlichen Vorstellung kann ein Mensch nur dann gut entscheiden, wenn er versteht, seine Gefühle unter Kontrolle zu halten. Denn Gefühle und ihre körperlichen Begleiterscheinungen verwirren den »vernünftigen« Menschen und stören seine Sachlichkeit.

Gute Entscheidungen fallen emotions- und leidenschaftslos: Diese Vorstellung hat sich in unserem Alltagsverständnis so sehr festgesetzt, dass sie oftmals gar nicht mehr hinterfragt wird. Für viele Menschen aus dem Management zum Beispiel ist sie so selbstverständlich wie die Tatsache, dass sie Luft zum Atmen brauchen. Sie versuchen, ihre Gefühle in den Griff zu kriegen, und üben sich im Pokerface. Erfolgreiches Management besteht nach dieser Ansicht darin, Kosten und Nutzen der zu entscheidenden Vorgänge gegeneinander abzuwägen und dann eine sachliche und rein rational begründete Entscheidung zu treffen. Das Ideal, das viele Führungskräfte anstreben, ist der so genannte

homo oeconomicus, ein Mensch, der sich in seinen Entscheidungen wie eine Rechenmaschine verhält.

Commander Spock aus der Science-Fiction-Serie »Raumschiff Enterprise« verkörpert diesen Typus Entscheider in Reinform. Obwohl es sich beim Raumschiff Enterprise um ein Phantasiegebilde handelt, lässt es sich gut als Beispiel für das Thema dieses Buches verwenden. Für diejenigen, die bisher keine Enterprise-Fans waren, sei diese Figur kurz eingeführt. Commander Spock ist kein Mensch, sondern ein Vulkanier. Die Vulkanier und Vulkanierinnen sehen im Großen und Ganzen aus wie Menschen, bis auf ihre Ohren, die spitz zulaufen. Auf der folgenden Abbildung habe ich versucht, Commander Spock mit seinen spitzen Ohren zu zeichnen.

Außer durch die spitzen Ohren unterscheiden sich die Vulkanier/-innen noch durch etwas anderes von der menschlichen Rasse: Sie kennen keine Emotionen.

Commander Spock hat im Raumschiff Enterprise die Rolle des

Datensammlers. Sein Lieblingswort ist »Fakten«. Sein Gesichtsausdruck ist eigentlich immer unbewegt. In Momenten der höchsten Erregung kann ab und zu das Hochziehen der linken Augenbraue verzeichnet werden, ansonsten sind die Körperhaltung und die Mimik bei ihm zuverlässig gleich bleibend; meistens sieht er aus, als habe er einen Stock verschluckt. Generationen von Führungskräften wurden danach ausgebildet, als sei Commander Spock das heimliche Vorbild für ihre zukünftige Tätigkeit. Und wir finden sie heute noch in den meisten Entscheidungspositionen. Ich nenne dieses Führungsideal das »Spock-Modell«.

Interessanterweise hat aber im Raumschiff Enterprise nicht Commander Spock, der Vulkanier, die Führungsposition inne. Geführt wird das Raumschiff von einem Menschen, Captain Kirk. Aus wissenschaftlicher Sicht käme für diese Position natürlich genauso eine Frau in Frage, darum habe ich versucht, einen weiblichen Captain Kirk zu zeichnen.

Warum kann ein Mensch besser führen als ein Wesen aus Vulkanien? Das menschliche Gehirn funktioniert anders als das Gehirn eines Vulkaniers oder einer Vulkanierin. Denn das menschliche Gehirn verarbeitet nicht nur Fakten, es entwickelt auch Emotionen. Emotionen wiederum rufen Veränderungen in Körperausdruck und Mimik hervor. Und diese Vorgänge sind wesentlich, wenn es darum geht, gute Entscheidungen zu treffen. Wegen seiner Emotionen und seiner Fähigkeit, diese auch körperlich zu erleben, kann ein Mensch bessere Entscheidungen fällen als ein Wesen aus Vulkanien. Hierin liegt das Geheimnis kluger Entscheidungen. Im weiteren Verlauf dieses Buches werden wir uns in allen Einzelheiten anschauen, wie die Gehirnforschung diese Aussage begründet.

Das Unbewusste entscheidet mit

Noch eine zweite Vorstellung davon, was gute Entscheidungen ausmacht, müssen Sie gleich zu Beginn dieses Buches verabschieden. Dies ist die Vorstellung, dass gute Entscheidungen immer an *Bewusstsein* gekoppelt sind. Da ich das Wort »Bewusstsein« öfter verwenden werde, möchte ich Ihnen ganz kurz erklären, was ich darunter verstehe:

Mit dem Begriff Bewusstsein *bezeichne ich alle geistigen Tätigkeiten, die ein Mensch bei sich selbst wahrnimmt und über die er Auskunft geben kann, wenn man ihn danach fragt. Wenn ich Sie zum Beispiel frage: »Warum haben Sie sich eben eine Coca-Cola und keine Pepsi gekauft?«, werden Sie vielleicht antworten, dass Ihnen Coca-Cola besser schmeckt als Pepsi. Diese Begründung können Sie mir geben, wenn Sie mit Hilfe Ihres Bewusstseins über Ihre Vorliebe für Coca-Cola nachdenken.*

Es kann sein, dass Sie durch die bewussten Überlegungen den wesentlichen Grund für Ihre Kaufentscheidung herausgefunden haben. Der Fall kann aber auch ganz anders liegen. Denn Menschen treffen ihre Entscheidungen nicht allein aufgrund von Vorgängen, die im Bewusstsein ablaufen, sondern auch aufgrund von Vorgängen, die im *Unbewussten* stattfinden.

Mit dem Begriff Unbewusstes *bezeichne ich – ganz einfach – alle Vorgänge, die* nicht *bewusst sind. Vielleicht hat Ihr Unbewusstes sich für Coca-Cola entschieden, weil ein Mensch, von dem Sie viel halten, gestern beim Mittagessen auch eine Cola bestellt hat. Oder vielleicht ist Ihnen der knackige Po eines Coca-Cola-Jünglings aus einem Werbespot unbewusst in Erinnerung geblieben. Eine gewiefte Werbepsychologin könnte in einem intensiven Interview möglicherweise aus Ihnen herausholen, dass Sie mit der Flasche von Coca-Cola und ihrer typischen Form eine lieb gewordene Kindheitserinnerung an Ihren Großvater verbinden, der auf seinem Schreibtisch eine solche Flasche stehen hatte. Mit einer rosaroten Plastiknelke drin, die er mit Ihnen zusammen an einer Schießbude auf der Kirmes als Preis für zehn Treffer bekommen hat.*

Es war Sigmund Freud, der Ahnvater der Psychoanalyse, der immer wieder darauf hingewiesen hat, dass der Mensch nicht allein vom Bewusstsein gesteuert wird. Er hat betont, dass auch das Unbewusste großen Einfluss auf unsere Entscheidungen ausübt und damit natürlich auch auf unser Handeln. Diese Grundaussage der Psychoanalyse war lange Zeit sehr umstritten, denn sie widersprach dem Ideal, das die westliche Welt seit der Aufklärung im 18. Jahrhundert hochhält: dass der Mensch ein Wesen mit Verstand ist, das im Gegensatz zum Tier über Bewusstsein und einen freien Willen verfügt. Gemessen an diesem Ideal war die Behauptung von Sigmund Freud, dass der Mensch vor allem von unbewussten Motiven gesteuert wird, ein ähnlicher Affront wie die Entdeckung von Charles Darwin, dass Mensch und Affe gemeinsame Vorfahren haben. Ein weiterer Grund, warum das Unbewusste an den Universitäten mit großer Skepsis behandelt wurde, war, dass man es wissenschaftlich nur schwer messen konnte.

Die Gehirnforschung hat diesen unbefriedigenden Zustand zum Besseren wenden können. Ihr ist es in den letzten Jahren gelungen, Bilder davon zu erzeugen, wie das Gehirn arbeitet. Auf diese Weise kann man das Gehirn bei seiner Tätigkeit direkt beobachten. Wenn Sie an ein entsprechendes Gerät angeschlossen wären, könnte man zum Beispiel genau sehen, welche Gebiete Ihres Gehirns aktiv sind, wenn Sie über die Coca-Cola-Frage nachdenken. Und man könnte daraus Rückschlüsse ziehen, womit sich Ihr Gehirn gerade beschäftigt.

Man weiß aufgrund solcher Untersuchungen, dass nur ein kleiner Teil der Tätigkeit des Gehirns überhaupt ins Bewusstsein gelangt. Sehr viel mehr von dem, was wir den ganzen Tag (und natürlich die Nacht) über wahrnehmen und tun, wird vom Gehirn über unbewusste Vorgänge geregelt. Der Gehirnforscher Gerhard Roth sagt sogar: »Bewusstsein ist für das Gehirn ein Zustand, der tunlichst zu vermeiden und nur im Notfall einzusetzen ist.«[1] Wir werden im weiteren Verlauf dieses Buches noch genauer erfahren, woher diese Vorliebe des Gehirns für die unbewusste Verarbeitung kommt. Für den Moment genügt es, wenn Sie sich klar machen, dass Sigmund Freud in diesem Punkt von der Gehirnforschung bestätigt wird und dass die Vorstellung, der Mensch habe jederzeit auf alle Vorgänge in seiner Psyche bewussten Zugriff, falsch ist.

Das emotionale Erfahrungsgedächtnis

Nachdem nun deutlich geworden ist, dass unbewusst verlaufende Vorgänge bei Entscheidungen eine wichtige Rolle spielen können, wollen wir uns genauer anschauen, wie man sich diese Vorgänge aus der Sicht der Gehirnforschung vorzustellen hat. Zunächst etwas zum Bauplan des Gehirns: Das Gehirn benutzt bei bewussten Vorgängen andere Gebiete als bei unbewussten. Wenn Sie sich selbst beim Denken zusehen könnten, würden Sie feststellen, dass immer dann, wenn Ihnen bestimmte Dinge ins Bewusstsein kommen, die so genannte *Großhirnrinde* Ihres Gehirns aktiv ist. Die Großhirnrinde umgibt Ihr Gehirn wie eine Rinde den Baum. Sie ist nur ungefähr drei Millimeter dick. In der Sprache der Gehirnforschung nennt man die Großhirnrinde auch *Cortex.* »Cortex« ist das lateinische Wort für »Rinde«.

Die Großhirnrinde ist nur eine vergleichsweise dünne Umhüllung. Bewusst wird die Tätigkeit Ihres Gehirns für Sie ausschließlich dann, wenn diese dünne Umhüllung sich in Aktion befindet. Alle Aktivität des Gehirns, die unterhalb der Gehirnrinde stattfindet, ist unbewusst. Manches von dieser Aktivität kann unter bestimmten Umständen bewusst werden, wie zum Beispiel die Erinnerung an die Coca-Cola-Flasche mit der rosaroten Plastiknelke. Anderes davon gelangt nie in Ihr Bewusstsein, zum Beispiel die Art und Weise, wie Ihre Bauchspeicheldrüse oder Ihre Milz vom Gehirn beeinflusst werden.

In den Gebieten unterhalb der Großhirnrinde, im Unbewussten also, befindet sich ein Zusammenschluss von mehreren Teilgebieten, die für unser Thema der guten Entscheidungen wesentlich sind. Diesen Zusammenschluss hat der Gehirnforscher Gerhard Roth sehr anschaulich das *emotionale Erfahrungsgedächtnis* genannt.

Dieses emotionale Erfahrungsgedächtnis *begleitet uns schon viel länger, als wir auf der Welt sind. Denn die Gehirngebiete, die für das emotionale Erfahrungsgedächtnis zuständig sind, beginnen bereits vor der Geburt, noch im Uterus, zu arbeiten. In ihnen wird alles gespeichert, was dem Organismus zeit seines Lebens widerfährt.*

Im emotionalen Erfahrungsgedächtnis wird das Wissen in Form von Gefühlen und Körperempfindungen gespeichert.

Das emotionale Erfahrungsgedächtnis ist keine Besonderheit von uns Menschen. Über diesen Wissensspeicher verfügen Tiere genauso wie wir. Durch innere Signale über Veränderungen des Körperzustandes und über Emotionen kann ein Organismus aus Erfahrungen lernen und das Gelernte blitzschnell abrufen, wenn er sich in vergleichbaren Situationen wiederfindet. Auf diese Weise kann er aus Erfahrungen Nutzen ziehen und gute Erlebnisse wiederholen, schlechte kann er vermeiden. Unser emotionales Erfahrungsgedächtnis ist gewissermaßen ein Erbe unserer tierischen Ahnen. Es enthält eine umfassende Sammlung unserer gesamten Lebenserfahrung und ist daher ein Wissensspeicher von unschätzbarer Qualität.

Wenn man das weiß, billigt man den Emotionen sofort eine sehr viel wichtigere Bedeutung zu, als dies in der herkömmlichen

Vorstellung, die ich eingangs das »Spock-Modell« genannt habe, der Fall ist. Emotionen werden daher heutzutage nicht mehr als Störfaktoren für das vernünftige Denken betrachtet, sondern als *unersetzliche Überlebenshilfen*. Diese Überlebenshilfen stammen aus zwei Quellen: die einen sind angeboren, andere sind gelernt.

Das emotionale Erfahrungsgedächtnis, das für gute Entscheidungen so wichtig ist, hat *gelerntes* Wissen gespeichert. Weil es auf den persönlichen Erfahrungen jedes einzelnen Menschen beruht, ist es ganz individuell angelegt. Das gelernte Wissen entsteht – vereinfacht gesagt – dadurch, dass bestimmte Verhaltensweisen belohnt beziehungsweise als angenehm erfahren und andere bestraft oder als unangenehm registriert werden. Diese Erfahrungen hinterlassen dauerhafte Spuren.

Ein Mensch zum Beispiel, der von klein auf dazu erzogen wurde, sich um andere zu kümmern und seine eigenen Bedürfnisse als zweitrangig zu betrachten, muss später oft viel Mühe darauf verwenden, diese Anzüchtung wieder aus dem Gefühlshaushalt und aus dem Körpergedächtnis zu vertreiben. Selbst wenn schon lange keine Mutter mehr da ist, die mit vorwurfsvollem Blick dreinschauen könnte, berichten viele erwachsene Menschen über ein Phänomen, das man »Schuldgefühl« nennt. Sie fühlen sich mies, wenn sie einmal Nein gesagt haben, und können ihre Freiheit vor lauter schlechtem Gewissen keine Sekunde genießen. Selbst wenn der Verstand ihnen tausendmal sagt, dass sie auch mal das Recht auf ein gemütliches Wochenende haben – das emotionale Erfahrungsgedächtnis hat etwas anderes gelernt und schickt hartnäckig unangenehme Emotionen als Signal dafür, dass man gerade etwas tut, das aller Erfahrung nach bestraft wird. Im praktischen Teil dieses Buches werden wir uns noch eingehend damit befassen, wie man in solchen Fällen mit dem emotionalen Erfahrungsgedächtnis ins Reine kommen kann.

Die Schnellen und die Toten

Zwischen den bewussten Denkprozessen, unserer Verstandestätigkeit, und den Prozessen im emotionalen Erfahrungsgedächtnis, die unbewusst verlaufen, gibt es einen Unterschied in der Arbeitsweise, den wir im Hinblick auf gute Entscheidungen näher kennen lernen müssen. Das emotionale Erfahrungsgedächtnis funktioniert nämlich anders als diejenigen Gebiete des Gehirns, die für verstandesmäßige Vorgänge zuständig sind. Der Gehirnforscher Antonio Damasio benutzt ein anschauliches Bild aus dem Computerbereich, um die Arbeitsweise dieser beiden Systeme zu vergleichen. Die Gehirngebiete, die verstandesmäßige Denkprozesse hervorbringen, sind wie ein Computer mit vergleichsweise wenig Arbeitsspeicher; sie funktionieren langsam und können nur wenige Daten auf einmal verarbeiten. Das emotionale Erfahrungsgedächtnis ist hingegen wie ein Computer mit sehr großem Arbeitsspeicher. Es kann eine große Datenmenge in kurzer Zeit bearbeiten. Die Faustregel lautet: Verstandesanalysen können lange dauern, die Signale vom emotionalen Erfahrungsgedächtnis kommen blitzschnell.

Warum hat die Evolution dann aber einen bewussten Verstand hervorgebracht, wenn die dafür zuständigen Gehirngebiete so umständlich arbeiten? Die rein verstandesmäßige, nichtemotionale Analyse einer Situation oder Gegebenheit, die wir von Commander Spock kennen, hat natürlich nicht nur Nachteile, sondern auch wichtige Vorteile. Die Ergebnisse, die sie liefert, brauchen zwar etwas Zeit, dafür sind sie äußerst *präzise* und sehr *detailliert.* Das emotionale Erfahrungsgedächtnis liefert seine Auswertung der Sachlage viel schneller, dafür sind seine Ergebnisse aber *diffus* und *detailarm.* Man hat »irgendwie so ein ungutes Gefühl«, kann aber nicht genau erklären, wie dies im Einzelnen zustande kommt. Die beiden Auswertungssysteme des Gehirns sind unterschiedlich spezialisiert und bilden, wenn sie zusammenarbeiten können, eine starke Partnerschaft.

Der Verstand arbeitet *genau,* aber *langsam.* Das unbewusst arbeitende emotionale Erfahrungsgedächtnis kann *schnelle* Einschätzungen vornehmen, die aber nur *allgemeiner* Natur sind. Es hilft uns, eine erste Orientierung vorzunehmen, *bevor* der Verstand zugeschaltet wird. Der Gehirnforscher Jospeh LeDoux gibt hierfür ein anschauliches Beispiel, das ich mit Ihnen einmal durchspielen will.

Stellen Sie sich vor, Sie machen einen Spaziergang im Wald. Sie denken über die nächste Präsentation nach, die Sie in zwei Tagen in einer Sitzung vorstellen wollen, und überlegen sich besonders schlagkräftige Argumente, um Ihre Position gut zu begründen. Auf einmal zucken Sie vor den Umrissen von etwas zurück, das Sie aus dem Augenwinkel am Wegrand wahrgenommen haben. Diese Umrisse sehen aus wie eine Schlange. Ihr Herzschlag beschleunigt sich, und in Ihrer Magengrube spüren Sie ein deutliches Alarmsignal.

Alle diese Reaktionen sind abgelaufen, bevor Sie auch nur eine Sekunde über die Situation bewusst nachgedacht haben. Die unbewusst arbeitenden Gehirngebiete haben eine erste Situationsanalyse vorgenommen und Ihren Körper in Alarm- und Fluchtbereitschaft versetzt. Dies wurde veranlasst, während Ihr Bewusstsein mit der Präsentation beschäftigt war. Die Informationen, die Sie jetzt über die Sachlage haben, sind zwar sehr schnell verarbeitet worden, sie sind jedoch noch diffus. Sie wissen nicht, um was es sich genau handelt, Sie wissen nur, dass da irgendetwas Verdächtiges am Wegrand herumliegt. Sie bleiben stehen und schauen genauer hin, um was es sich bei dem schlangenähnlichen Gebilde handelt. Commander Spock schaltet sich ein. Jetzt ist Ihre Großhirnrinde aktiv, die Ihnen eine präzise Analyse liefert. In dem Beispiel von Joseph LeDoux stellt sich heraus, dass es sich bei dem verdächtigen Umriss nicht um eine Schlange handelt, sondern um einen Stock, der in einer gekrümmten Form gewachsen und auf eine Art mit Moos bewachsen ist, dass er so etwas wie ein Schlangenmuster aufweist. Ihr emotionales Erfahrungsgedächtnis hat also irrtümlich einen Stock für eine Schlange gehalten. Angesichts der Tatsache, dass Millionen von Lebewesen sich vor einem Schlangenbiss schützen konnten, weil das emotionale Erfahrungsgedächtnis sie gewarnt hat, ist so eine kleine Fehleinschätzung kein großes Problem. LeDoux meint hierzu: »Langfristig ist es vorteilhafter, einen Stock irrtümlich für eine Schlange zu halten, als eine Schlange für einen Stock zu halten.«[2] Um dies zu verdeutlichen, hat er mit köstlichem, trockenem Humor dem entsprechenden Kapitel in seinem Buch eine viel sagende Überschrift gegeben. Sie heißt: »Die Schnellen und die Toten«.

Im Beispiel von Joseph LeDoux kommt das emotionale Erfahrungsgedächtnis zu einer Fehleinschätzung der Situation, und der Verstand beurteilt die Sachlage letztendlich besser. Es gibt aber auch den umgekehrten Fall. Sie kennen sicher mindestens ein Beispiel, bei dem die Einschätzung, die Ihnen Ihr Gefühl signalisiert hat, völlig richtig war und der Verstand danebenlag. »Ich hatte gleich so ein komisches Gefühl bei diesem Mitarbeiter, irgendwie hat die Chemie von Anfang an nicht gestimmt. Aber er hatte die besten Zeugnisse von allen, und darum habe ich ihn schließlich eingestellt.« In diesem Beispiel hat die Einschätzung aus dem emotionalen Erfahrungsgedächtnis ganz viele Informationen darüber, wie sich der neue Mitarbeiter beim Vorstellungsgespräch verhalten hat, zu einem Gesamtbild verarbeitet, das dann, gemessen an Ihren früheren Erfahrungen mit Mitarbeitenden, vom Gefühl her zu einer ablehnenden Haltung geführt hat.

In diesem Gesamtbild sind Informationen enthalten, die vielleicht niemals in Ihr Bewusstsein gelangen werden, auch nicht unter Hypnose oder in intensiven Interviews. Man weiß zum Beispiel, dass Menschen andere Menschen nach deren Geruch beurteilen. Daher kommt auch der umgangssprachliche Ausdruck »Den kann ich nicht riechen«. Der Riechnerv, der Geruchsinformationen verarbeitet, führt direkt in das Gefühlszentrum des Gehirns und ruft sofort emotionale Reaktionen hervor. Keine Chance für die Großhirnrinde, hier einzugreifen. Ihr emotionales Erfahrungsgedächtnis hat vielleicht auch verarbeitet, wie herablassend der Bewerber die Sekretärin begrüßt hat, es hat sich die Qualität seines Händedrucks gemerkt, hat nebenbei registriert, dass er Socken mit Playboy-Bunnys getragen hat und dass seine Stimme etwas zu laut war, um sein selbstbewusstes Auftreten glaubwürdig erscheinen zu lassen. Diese vielen Daten, und vermutlich noch viele mehr, wurden im Unbewussten mit Ihren gesammelten Erfahrungen abgeglichen. Die Gesamtbewertung lautete: »Passt nicht zu uns.« Aber Ihr Verstand hat die exzellenten Zeugnisse gesehen, das Auslandsjahr in den USA und die brillanten Referenzen. Der Commander Spock in Ihnen hat auf die Faktenlage verwiesen, und so kam es, dass Sie einen Mitarbeiter eingestellt haben, der sich hinterher als Ekelpaket entpuppte.

Wie trifft man kluge Entscheidungen? Jedes dieser beiden Auswertungs- und Entscheidungssysteme hat seine Vorteile und seine Nachteile, das haben wir gesehen.

Die Kunst der klugen Entscheidung beherrscht, wer seine beiden Entscheidungssysteme – der Verstand und das emotionale Erfahrungsgedächtnis – souverän handhaben kann, wer ihre Stärken und ihre Schwächen kennt und sie darum situationsgerecht einzusetzen versteht.

Um diese Fertigkeiten zu entwickeln, müssen Sie mehr darüber wissen, wie das emotionale Erfahrungsgedächtnis im Detail arbeitet.

Die somatischen Marker

Der Gehirnforscher Antonio Damasio hat die Rolle der Emotionen im Zusammenhang mit menschlichen Entscheidungsvorgängen untersucht und ist dabei zu Ergebnissen gelangt, die ganz wesentlich dazu beitragen, das Geheimnis guter Entscheidungen zu lüften. Beginnen wir damit, den ganz normalen Alltag eines Menschen aus der Perspektive seines Gehirns zu betrachten, welches das möglichst gute Überleben beziehungsweise das größtmögliche Wohlbefinden dieses Menschen sichern will. Aus dieser Sicht besteht das menschliche Leben aus einem fortlaufenden Fluss von Entscheidungen. Schon wenn morgens der Wecker klingelt, muss ich entscheiden, ob ich aufstehe oder liegen bleibe. Gehe ich zuerst ins Bad, oder schaue ich erst aus dem Fenster, wie das Wetter wird? Erst auf die Toilette oder erst Zähne putzen? Erst Katze streicheln oder erst Mann küssen? Honig oder Kirschmarmelade? Börsenkurse in der Zeitung überblättern, um Ärger zu vermeiden, oder doch ausführlich lesen? Noch schnell Blumen gießen oder lieber gemütlich zum Bahnhof fahren? Selbst ein scheinbar so simpler Vorgang wie die Wahl Ihres Sitzplatzes im Eisenbahnabteil erfordert von Ihrem armen, geplagten Morgenmuffel-Gehirn eine Entscheidung. Beobachten Sie einmal selbst Ihren Tagesablauf unter diesem Aspekt. Sie werden merken, dass Ihr Gehirn in der Tat permanent Entscheidungen trifft.

Über die Art und Weise, wie Ihr Gehirn diese Vorgänge regelt, hat Antonio Damasio geforscht. Und er ist dabei zu überraschenden Ergebnissen gekommen. Zum einen hat er festgestellt, dass an den meisten Entscheidungen, die wir in der Alltagssprache »vernünftig« nennen und von denen wir glauben, dass sie nach dem Spock-Modell ohne die Beteiligung von Emotion zustande kommen, Emotionen in Wirklichkeit doch beteiligt sind. Außerdem hat er herausgefunden, dass nicht nur Emotionen, sondern auch Körperempfindungen einen wesentlichen Bestandteil von klugen Entscheidungen darstellen. Ein Kribbeln im Bauch oder ein Zittern im Knie kann unter Umständen mehr Einfluss auf Entscheidungen ausüben als zwanzig Aktenordner mit Fakten. Das »Bauchgefühl«, das viele Menschen als Phänomen bei sich selbst zwar bemerken, aber als Entscheidungsgrundlage nicht ernst nehmen, hat durch die Arbeiten von Damasio seinen offiziellen Eintritt in die seriöse Welt der Wissenschaft gefunden.

Damasio hat sich damit befasst, wie das emotionale Erfahrungsgedächtnis arbeitet und mit welchen Signalen es sich bemerkbar macht. In dem Fall mit der Schlange, den Joseph LeDoux als Beispiel nimmt, sind die Reaktionen so stark, dass sie dem Menschen normalerweise deutlich ins Bewusstsein dringen. Das emotionale Erfahrungsgedächtnis wird jedoch nicht nur in Gefahrensituationen aktiv, sondern auch im Alltag; und seine Tätigkeit kommt dem Menschen, wie gesagt, nicht immer zu Bewusstsein. Ohne dass wir es merken, trifft unser emotionales Erfahrungsgedächtnis laufend eine Wahl nach der anderen. Wenn es diese fortwährend im Unbewussten stattfindenden Vorgänge nicht gäbe, wären wir in unserer *gesamten Lebensführung* aufs Schwerste behindert. Dies ist, gemessen an der herkömmlichen Vorstellung von der führenden Rolle des Verstandes, eine revolutionäre Aussage. Darum müssen wir uns die Begründung dafür besonders sorgfältig anschauen.

Antonio Damasio erläutert seine Überlegungen ausführlich am Beispiel eines Geschäftsmannes, der vor einer wichtigen Entscheidung steht. Ich habe dieses Beispiel zum besseren Verständnis illustriert und will es Ihnen vorstellen. Holen Sie sich den folgenden Fall möglichst lebendig vor Ihr inneres Auge; und wenn Sie Lust haben, überlegen Sie mit, wie Sie selbst entscheiden würden.

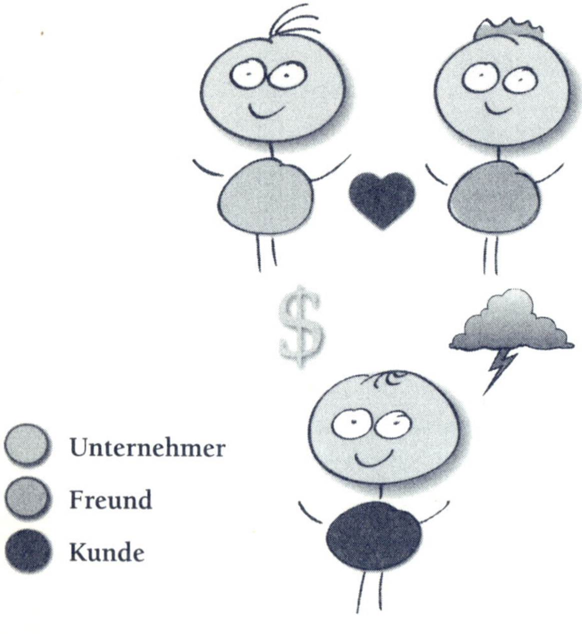

Ein Unternehmer hat einen besten Freund.
Er plant ein Treffen mit einem Kunden.
Er weiß: Der Kunde ist der Erzfeind seines besten Freundes.

Eine Entscheidung muss getroffen werden.

Soll er den Kunden treffen oder nicht?
Zwei Alternativen stehen zur Wahl.

Was geschieht jetzt im Gehirn? Sobald eine Entscheidung ansteht, erzeugt das Gehirn Vorstellungsbilder von möglichen Szenarien und deren Folgen. Die Szenarien entfalten sich sofort und fast gleichzeitig. Dies geschieht sehr schnell, und zwar ohne dass Sie mit Ihrem Bewusstsein etwas davon bemerken. Man kann sich diese Bilder vorstellen wie kleine innere Filme. Wir spielen die möglichen Szenarien zu dem oben entwickelten Thema einmal so durch, als könnten wir dem Gehirn in Zeitlupe bei seiner Tätigkeit zuschauen.

Szenario 1

Das Treffen mit dem Kunden wird vom Freund beobachtet.

Szenario 1 kann jedoch eine unangenehme Folge mit sich bringen:

Die Freundschaft gerät in Gefahr.

Es gibt aber auch noch andere Möglichkeiten. Schauen wir uns Szenario 2 an.

Das Treffen mit dem Kunden findet nicht statt.
Die Freundschaft bleibt erhalten.

Aber auch Szenario 2 hat nicht nur Vorteile. Die Freundschaft bleibt zwar erhalten …

… aber ein gutes Geschäft geht flöten.

Damasio legt Wert auf die Feststellung, dass er ein einfaches Beispiel gewählt hat, bei dem nur zwei Alternativen zur Wahl stehen. Das wirkliche Leben konstruiert meistens schwierigere Situationen, wie wir alle wissen. Aber das, was Damasio zeigen will, gelingt ihm bereits mit diesem einfachen Fall. Zwischen zwei Szenarien muss die Entscheidung fallen. Wie geht das vor sich?

Die Bewertung

Entscheiden kann ein Mensch sich erst, wenn er eine Bewertung vorgenommen hat. Im Anschluss an die Bewertung trifft er dann die Wahl, welche die meisten Vorteile mit sich bringt. Diese Bewertung von Szenarien danach, welche Alternative die bessere oder die schlechtere ist, kann auf zwei verschiedene Arten getroffen werden:

- mit dem Verstand, dem Spock-Modell
- mit dem, was Damasio als *somatische Marker* bezeichnet. Ich werde Ihnen diesen Begriff etwas später genau erklären.

Schauen wir zunächst, was geschieht, wenn mit dem sachlichen Spock-Modell gearbeitet wird: Würde unser geplagter Unternehmer sich bei der Bewertung der beiden Szenarien allein auf das Spock-Modell verlassen und diese Entscheidung ausschließlich mit denjenigen Gehirnstrukturen fällen, die für sachliche Analysen und Verstand zuständig sind, würde dieser Vorgang ziemlich schwerfällig verlaufen. Im Spock-Modell werden die Folgen der beiden Szenarien in einem sachlichen Kalkül gegeneinander aufgerechnet, bis sich herausstellt, welches Szenario mehr Vorteile mit sich bringt. Man kann in Zeitlupe darstellen, wie eine Bewertung mit dem Spock-Modell ablaufen würde.

Bewertung mit dem Spock-Modell

Der Kontakt mit dem Kunden kann außer dem aktuellen Gewinn auch weitergehende Vorteile in der Zukunft ermöglichen.

Allerdings ist das genaue Ausmaß der Vorteile in der Zukunft unbekannt, also muss Commander Spock Größenordnung und zeitlichen Rahmen dieser Vorteile schätzen.

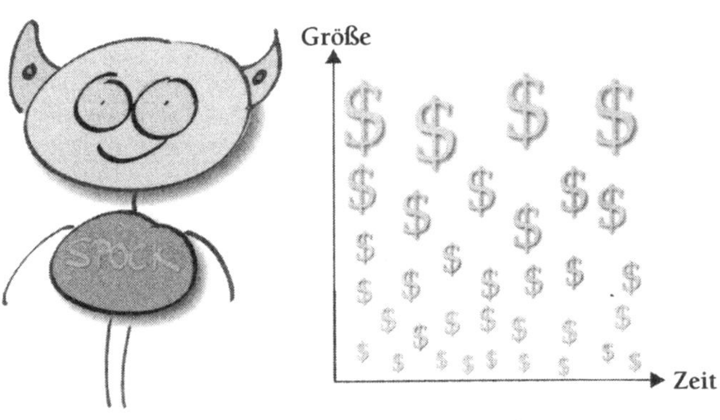

Dann muss der geschätzte Gewinn gegen potenzielle Verluste abgewogen werden. Ein potenzieller Verlust wäre in unserem Fall der Verlust der Freundschaft.

Der Verlust kann sich aber im Lauf der Zeit ändern. Also muss Commander Spock den Verlust der Freundschaft als Wertminderungsrate schätzen.

Es wird deutlich, dass unser Unternehmer in immer schwierigere Berechnungen gerät, wenn er mit dem Spock-Modell arbeitet. Das Schwierige an diesen Berechnungen ist außer ihren komplizierten Verflechtungen auch, dass sie sich alle in verschiedenen Zeiträumen abspielen.

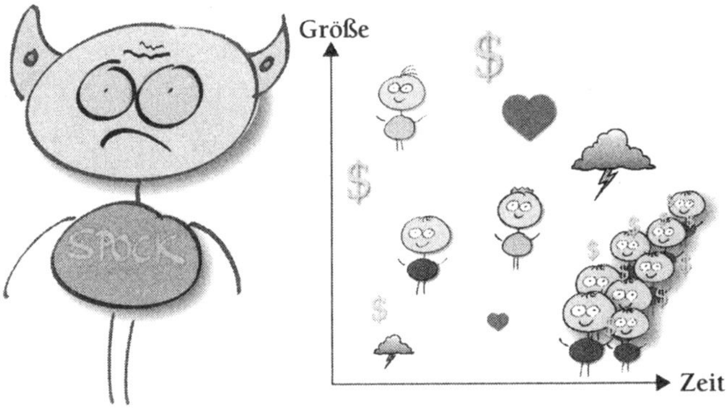

Wie soll ein Mensch das in den Griff kriegen? Die Entscheidung nach dem Spock-Modell nimmt meistens deutlich mehr Zeit in Anspruch, als vertretbar ist. Damasio verfügt, wie LeDoux, über einen köstlichen trockenen Humor: »Notieren Sie einfach alle Wahlmöglichkeiten, die unzähligen Szenarien, die Konsequenzen und so fort. (Offensichtlich hat Darwin dieses Verfahren vorgeschlagen, um den richtigen Ehepartner zu finden.) Besorgen Sie sich aber zunächst einen großen Stapel Papier, einen Bleistiftspitzer und einen weitläufigen Schreibtisch; erwarten Sie vor allem nicht, dass irgendjemand wartet, bis Sie fertig sind.«[3]

Bleibt unser Unternehmer ausschließlich im Spock-Modell, so kann es auch geschehen, dass letztendlich gar keine Entscheidung gefällt wird, weil er sich im Labyrinth der verschiedenen Berechnungen und Folgerungen verliert. Wie dies aussehen kann, beschreibt Damasio am Beispiel eines seiner Patienten, mit dem er eines Tages einen gemeinsamen Termin für die nächste Sitzung suchte.

> Dazu schlug ich ihm zwei Termine zur Auswahl vor, die beide in den kommenden Monat fielen und nur ein paar Tage auseinander lagen. Der Patient nahm seinen Terminkalender heraus und begann, in ihm zu blättern. Nun legte er ein äußerst bemerkenswertes Verhalten an den Tag, das mehrere meiner Kollegen beobachtet haben und bezeugen können. Fast eine halbe Stunde lang zählte er Gründe für und gegen die beiden Termine auf. Vorangehende Verabredungen, die zeitliche Nähe anderer Verabredungen, mögliche Wetterverhältnisse: praktisch alles, was man bei einer so simplen Frage berücksichtigen kann.
> Er zwang uns, einer ermüdenden Kosten-Nutzen-Analyse zu folgen, einer endlosen Aufzählung und einem überflüssigen Vergleich von Optionen und möglichen Konsequenzen. Wir mussten uns beherrschen, um uns all das anzuhören, ohne mit der Faust auf den Tisch zu schlagen und ihm zu sagen, er solle nun endlich zu einem Entschluss kommen. Schließlich teilten wir ihm ganz ruhig mit, dass er zum zweiten der beiden vorgeschlagenen Termine zu erscheinen habe. Seine Reaktion war ebenso ruhig und prompt. Er sagte einfach: »In Ordnung.« Mit diesen Worten steckte er den Terminkalender in die Tasche und war fort. Dieses Verhalten ist ein schönes Beispiel für die Grenzen der reinen Vernunft.[4]

Der Patient von Damasio hatte eine Schädigung in einem Gehirngebiet, das man die *ventromediale präfrontale Region* nennt. Dieses Gebiet befindet sich etwa auf Augenhöhe an der Vorderseite des Kopfes. Als ich die Fallgeschichte von Damasio las, fielen mir sofort etliche Personen aus meinem Bekanntenkreis ein, die – soweit ich informiert bin – keinerlei Schädigungen in der ventromedialen präfrontalen Region aufweisen, die aber in ihrem

Entscheidungsverhalten dem Patienten von Damasio verblüffend ähneln. Dieses Verhaltensmuster kann dann auftauchen, wenn Menschen versuchen, ausschließlich mit der Vernunft zu Entscheidungen zu kommen. Denn der Verstand alleine ist offenbar nicht entscheidungsfähig. Was hinzukommen muss, schauen wir uns im nächsten Kapitel an. Unser Unternehmer kann seine verzwickte Situation nämlich auch noch mit anderen Mitteln bearbeiten.

Bewertung mit somatischen Markern

Erinnern wir uns. Wenn etwas entschieden werden soll, erzeugt das Gehirn Vorstellungsbilder, die wie innere Filme ablaufen. Diese inneren Filme entstehen fast gleichzeitig. All dies geschieht, ohne dass uns davon etwas ins Bewusstsein gelangen muss. Bezogen auf das Beispiel vom Unternehmer im Konflikt zwischen Geld und Freundschaft, könnte dies etwa so aussehen:

Beschreibung:

Die inneren Filme werden nun verglichen mit ähnlichen Situationen aus dem Pool an Erfahrungen, die ein Mensch in seinem emotionalen Erfahrungsgedächtnis angesammelt hat. Wenn eine vergleichbare Situation gefunden wurde, löst dies automatisch eine damit verbundene Bewertung aus. Diese Bewertung erfolgt jedoch nicht über die Vernunft, sondern sie erfolgt biologisch: Die vorgestellten Szenarien rufen Körpersignale hervor.

Diese Körpersignale hat Damasio somatische Marker *genannt. »Soma« kommt aus dem Griechischen und heißt »Körper«. Weil die Körpersignale ein bestimmtes Szenario als gut oder als schlecht »markieren«, bezeichnet Damasio sie als »Marker«.*

Somatische Marker steuern das Vermeidungsverhalten und das Annäherungsverhalten. Sie können sich die Signale der somatischen Marker vorstellen wie eine Ampel, die den Befehl zum »Stop!« oder zum »Go!« gibt.

Vermeidungsverhalten

Annäherungsverhalten

Wenn ein Szenario mit einem negativen Ergebnis gekoppelt ist, entsteht eine unangenehme Empfindung. Dies bedeutet, Vermeidung ist angesagt.

Wenn ein Szenario mit einem positiven Ergebnis gekoppelt ist, entsteht eine angenehme Empfindung. Dies bedeutet, Annäherung ist angesagt.

Warum funktionieren diese Körpersignale nur nach dem einfachen Schema »Stop!« oder »Go!«? Dies hängt mit der Art und Weise zusammen, wie sich das emotionale Erfahrungsgedächtnis im Lauf der Evolution entwickelt hat. Das Gehirn speichert Erfahrungen, um dem Menschen, zu dem es gehört, zu ermöglichen, sich so zu verhalten, dass er ein möglichst großes Ausmaß a) an Überlebensfähigkeit und b) an Wohlbefinden erreichen kann. Die Erfahrungen, die in diesem Wissensspeicher angesammelt werden, wirken sich darum direkt auf das Verhalten aus. Um die gespeicherten Erfahrungen für das Verhalten zielgerichtet nutzen zu können, müssen sie noch bewertet werden: Soll die Botschaft »Stop!« oder »Go!« lauten?

Dieses Bewertungssystem ist keineswegs nur beim Menschen,

sondern bei allen lebenden Organismen vorzufinden. Da es das Anliegen des Gehirns ist, für ein größtmögliches Ausmaß an Wohlbefinden zu sorgen, liegt es nahe, die Bewertung der vergangenen Erfahrungen danach vorzunehmen, ob eine Erfahrung diesem Ziel zu- oder abträglich war. Darum kennt dieses Bewertungssystem in seiner ursprünglichen Form nur zwei Kategorien: »gut« oder »schlecht«.

Erfahrungen werden also nach einem ganz einfachen Prinzip bewertet. Das Prinzip heißt: »Gut für mich/schlecht für mich«; »annähern/vermeiden«; »Plus/Minus«. Beim Menschen ergibt sich aus der Ordnung »Plus/Minus« die ganze Bandbreite einer Skala von unterschiedlichsten Gefühlen, von Scham über Melancholie bis zur Euphorie. Egal, in welcher individuellen Form die somatischen Marker bei einem Menschen auftreten, sie haben immer die Aufgabe, »Stop!« oder »Go!« zu signalisieren. Mit der Art und Weise, wie somatische Marker wahrgenommen werden können, befassen wir uns in einem späteren Kapitel ausführlich.

Vorher müssen wir aber noch klären, welchen Stellenwert die somatischen Marker im Entscheidungsprozess haben. Somatische Marker können den Verstand nicht völlig ersetzen, das ist bereits deutlich geworden. Meistens, wenn auch nicht immer, erfolgen im Anschluss an das Körpersignal noch sachliche Überlegungen im Sinne des Spock-Modells. Aber somatische Marker helfen dem Menschen dabei, die Fülle an Vorstellungsbildern, die angesichts einer Entscheidung vom Gehirn erzeugt werden, in einem Auswahlverfahren zu sichten und anhand seiner gesammelten Lebenserfahrung wichtige Vorentscheidungen zu treffen. Angesichts der unsicheren Weltwirtschaftslage ist hier vielleicht ein weiteres Beispiel von Damasio ganz interessant:

> Stellen Sie sich beispielsweise vor, Sie haben Aussicht auf ungewöhnlich hohe Rendite bei einer überaus riskanten Investition. Inmitten anderer Beschäftigungen, die Sie ablenken, sollen Sie sich zu einem raschen Ja oder Nein entschließen. Wenn ein negativer somatischer Zustand den Gedanken, die Investition vorzunehmen, begleitet, wird es Ihnen leichter fallen, die Möglichkeit zu verwerfen und eine genauere Analyse der potenziell nachteiligen Folgen vorzunehmen. Der mit der Zukunft verknüpfte negative Zustand wirkt der verlockenden Aussicht auf umfangreiche Belohnung entgegen.[5]

Kommen wir zurück zu unserer Fallgeschichte. Was würden seine Körpersignale dem Unternehmer im Konflikt zwischen Geld und Freundschaft raten? Weil das emotionale Erfahrungsgedächtnis auf individuellen Erfahrungen beruht, kann das nur der Unternehmer selber wissen. Ziemlich sicher ist aber, dass das emotionale Erfahrungsgedächtnis ihm eine gefühlsmäßige Vorliebe für eine der beiden Optionen vermitteln würde, auf der er dann seine weitergehenden Analysen aufbauen und Lösungsmöglichkeiten entwickeln könnte. Manchmal geraten Menschen auch in eine besonders schlimme Zwickmühle. Dies ist immer dann der Fall, wenn sie keine eindeutigen oder scheinbar widersprüchliche Signale aus ihrem emotionalen Erfahrungsgedächtnis erhalten. Menschen, die in solch einer Zwickmühle stecken, suchen oft professionelle Hilfe auf und tun auch gut daran, denn sie haben in der Tat ein gravierendes Problem. Im praktischen Teil dieses Buches werden wir uns solche Fälle genauer anschauen. Zunächst sei jedoch der Normalfall dargestellt, damit das Funktionsprinzip der somatischen Marker deutlich wird. Denn bei der überwiegenden Zahl von Entscheidungen, die Sie den Tag hindurch treffen, sind Ihre somatischen Marker ein zuverlässiges Navigationssystem und liefern Ihnen gute Entscheidungsgrundlagen.

Damasios Theorie der somatischen Marker sagt also aus, dass

Gefühle und Körperempfindungen keinen Störfaktor für klares Denken darstellen, sondern im Gegenteil ein *wesentlicher Bestandteil* von klugen Entscheidungen sind. Diese Aussage verändert unsere herkömmliche Vorstellung von dem, was »vernünftiges« Denken ausmacht, radikal. Wie kommt Damasio zu diesen Aussagen? Er hat seine Überlegungen sorgfältig dokumentiert. Um seine Argumente nachzuvollziehen, müssen wir in der Zeit einige Jahrzehnte zurückgehen und Herrn Phineas Gage kennen lernen.

Der Unfall von Phineas Gage

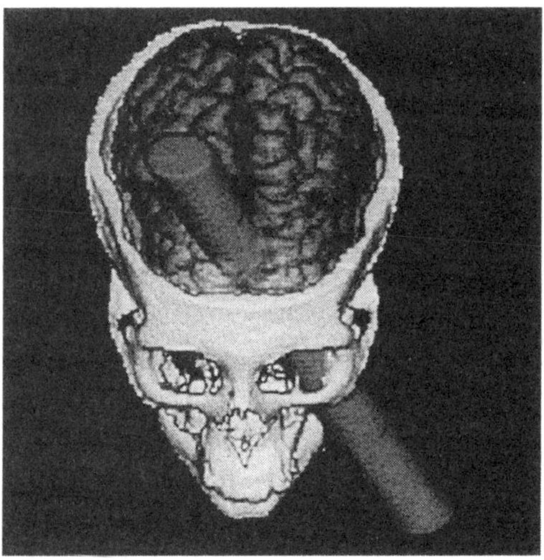

Dies ist Phineas Gage.

Ohne es zu wollen, hat er der Wissenschaft einen großen Dienst erwiesen, denn sein Unfall im Sommer 1848 war es, der viele Jahrzehnte später Antonio Damasio zusammen mit seiner Ehefrau

Hanna Damasio dazu brachte, den Zusammenhang von Planen und Entscheiden mit dem Signalsystem der somatischen Marker zu erforschen.

Phineas Gage war in jenem Sommer fünfundzwanzig Jahre alt. Er war als Vorarbeiter bei einer Eisenbahngesellschaft angestellt und galt als äußerst zuverlässig. An diesem besonderen Tag beaufsichtigte er die Sprengarbeiten an einem Felsen, wo neue Gleise gelegt werden sollten.

Zur Vorbereitung der Sprengung wurde jeweils zuerst ein Loch in den Felsen gebohrt. In das Loch wurde Sprengpulver gefüllt, eine Zündschnur hineingelegt, darauf Sand eingefüllt. Der Sand wurde dann mit einer Eisenstange fest auf das Sprengpulver und die Zündschnur gestampft und die Zündschnur angezündet. Das Sprengpulver explodierte und vergrößerte das Loch im Felsen.

Phineas Gage hatte an diesem Sommertag das Sprengpulver und die Zündschnur bereits in dem Bohrloch untergebracht, als er von einem Mitarbeiter gerufen wurde. Er drehte sich nach dem Rufer um und begann, weil er abgelenkt war, seine Eisenstange bereits in das Bohrloch zu stoßen, bevor dieses mit Sand aufgefüllt war. Die Sprengladung explodierte sofort, aber nicht in den Felsen hinein, sondern direkt in Gages Gesicht. Durch die Wucht der Explosion wurde die Eisenstange, die Gage in Händen gehalten hatte, durch seinen Schädel getrieben, und zwar in dem Winkel, den Hanna Damasio auf der abgebildeten Computergrafik rekonstruiert hat. Dabei wurden die Teile der Großhirnrinde verletzt, die auch bei dem Patienten mit den Terminschwierigkeiten geschädigt waren, den wir schon kennen gelernt haben.

Das Erstaunliche an Gages Unfall war, dass Gage diesen Tag überlebte. »Gage konnte fühlen, sehen und hören und litt unter keinerlei Lähmungen der Gliedmaßen oder der Zunge. Zwar konnte er mit dem linken Auge nicht mehr sehen, dafür war aber das rechte vollkommen in Ordnung. Sein Gang war sicher, die Bewegungen der Hände geschickt, und er hatte keine erkennbaren Schwierigkeiten mit Artikulation und Sprache.«[6]

Die körperliche Verfassung von Phineas Gage war also überraschend gut. Was sich jedoch gravierend zum Negativen veränderte, war seine Persönlichkeit. Nach dem Unfall war er nicht mehr der zuverlässige und besonnene Mann, den man zum Vorarbeiter der Eisenbahngesellschaft gemacht hatte. Er entwickelte keine brauchbaren Pläne mehr für die Zukunft, hielt sich nicht mehr an gesellschaftliche Regeln und verhielt sich insgesamt auf eine Art und Weise, die ihm deutlich mehr schadete als nützte. Phineas Gage war nicht mehr in der Lage, vernünftige Entscheidungen zu treffen. Die Entscheidungen, die er traf, wirkten sich meistens zu seinem Nachteil aus. Es schien, als habe Phineas Gage alles vergessen, was er einmal gelernt hatte. Seine Lebenserfahrung war ihm abhanden gekommen.

Nach seiner körperlichen Genesung verlor er aufgrund dieser Wesensveränderung den Job bei der Eisenbahngesellschaft. Er trat zunächst als Zirkusattraktion auf und ging später nach Südamerika, wo er auf Pferdegütern und als Postkutscher arbeitete. Er war offenbar nicht mehr in der Lage, eine Anstellung über längere Zeit zu halten. 1860 kehrte er zu seiner Mutter und seiner Schwester in die Vereinigten Staaten zurück, weil sich sein Gesundheitszustand verschlechtert hatte. Nachdem er noch eine Weile als Wanderarbeiter umhergezogen war, starb er 1861.

Und was war der Grund für diese radikale Zerstörung einer besonnenen Persönlichkeit? Damasio machte sich auf die Spurensuche.

Die Bedeutung der Emotionen im Entscheidungsprozess

Angeregt durch die Geschichte von Phineas Gage, begann Damasio, einen eigenen Patienten namens Elliot zu untersuchen, der nach einer Tumoroperation vergleichbare Verletzungen im Gehirn hatte, wie sie von Phineas Gage berichtet worden waren. Bei Phineas Gage war Damasio auf schriftliche Aufzeichnungen von dessen behandelndem Arzt angewiesen gewesen. Mit seinem eigenen Patienten konnte Damasio systematische Tests mit modernsten Methoden vornehmen. Wie Phineas Gage zeigte auch Elliot auffallende Veränderungen seiner Persönlichkeit, nachdem er von der Operation erfolgreich genesen war. Er verlor durch unvernünftiges Geschäftsgebaren in kürzester Zeit all seine Ersparnisse, seine Ehe ging in die Brüche, und sein Arbeitsplatz wurde ihm gekündigt. Als Damasio ihn kennen lernte, kämpfte Elliot um die Invaliditätsrente. Er bekam sie schließlich, weil Damasio ihm bescheinigen konnte, dass sein Versagen im Umgang mit anderen Menschen und in der persönlichen Lebensgestaltung eine Folge seiner Gehirnerkrankung war. Doch was genau funktionierte bei Elliot nicht mehr? Damasio begann ein umfassendes Untersuchungsprogramm.

Es stellte sich heraus, dass Elliot in allen gängigen Tests völlig normale Ergebnisse zeigte. Seine Intelligenz, sein Gedächtnis, die allgemeine Aufmerksamkeit, sein räumliches Vorstellungsvermögen, sein Umgang mit Zahlen und Sprache waren völlig intakt. Was gestört war, war die Fähigkeit, im sozialen und persönlichen Bereich kluge Entscheidungen zu treffen. Was war dann der Grund für Elliots Entscheidungsschwäche, die so weit reichende Folgen hatte, dass sie sein ehemals völlig geordnetes Leben in Grund und Boden ruiniert hatte?

Anfänglich wussten Damasio und seine Mitarbeitenden nicht, wo sie weitersuchen sollten. Dann entdeckten sie eine Spur. Elliot zeigte eine auffallende Gefühlsarmut, er reagierte eher wie Commander Spock als wie Captain Kirk. »Elliot war [nach seiner Operation, M. S.] weit gemäßigter in seinem Gefühlsausdruck als vor seiner Krankheit. Stets schien er das Leben in der gleichen neutralen Gestimmtheit an sich vorüberziehen zu lassen. In den vielen Stunden unserer Unterhaltung erlebte ich bei ihm nie einen Anflug von Emotion: keine Traurigkeit, keine Ungeduld, keinen Überdruss angesichts meiner endlosen und sich wiederholenden Fragerei. Wie ich erfuhr, verhielt er sich auch in seinem Alltag nicht anders. In der Regel zeigte er keinen Zorn, und bei den seltenen Gelegenheiten, wo es doch geschah, ging der Ausbruch rasch vorüber. Im Handumdrehen war er wieder sein neues Selbst: ruhig und ohne Groll.«[7]

Auch Elliot selbst hatte die Veränderung seines Gefühlshaushaltes bemerkt. Er erzählte, dass er bei denselben Themen, die ihn vor seiner Operation emotional intensiv berührt hätten, jetzt keinerlei Gefühle mehr wahrnehmen könne, weder in die positive noch in die negative Richtung. Die erste Spur auf der Suche nach dem Grund für die schwer wiegende Entscheidungsschwäche von Phineas Gage und Elliot war also ein Mangel an Emotionen. Hieraus lässt sich ein wichtiger Schluss ziehen: Ein Mensch, der seine Emotionen nicht wahrnimmt, trifft schlechtere Entscheidungen als ein Mensch, der seine Emotionen wahrnimmt. Oder mit anderen Worten:

Emotionen sind für gute Entscheidungen unentbehrlich.

Die Bedeutung der Körpersignale im Entscheidungsprozess

Nach seinen Untersuchungen mit Elliot suchte Damasio in der Literatur und bei Kolleg/innen nach Patienten und Patientinnen, die in ihren Symptomen ebenfalls das Phineas-Gage-Muster aufwiesen: die Beeinträchtigung der Entscheidungsfähigkeit besonders im persönlichen und sozialen Bereich. Bei seiner Suche stieß Damasio auf eine weitere Gruppe von Menschen, die diese Symptome zeigten. Diese Menschen litten unter *Anosognosie.*

Der Begriff Anosognosie setzt sich zusammen aus zwei griechischen Wörtern, dem Wort *nosos,* das heißt Krankheit, und dem Wort *gnosis*, das heißt Erkenntnis. Menschen mit Anosognosie sind nicht in der Lage, eine Krankheit an sich selbst zu erkennen. Der folgende Dialog beschreibt die Eindrücke eines Mannes, der seine Tante Betty im Krankenhaus besucht. Tante Betty zeigt dieses Krankheitsbild.

> Es war wieder einmal an der Zeit, Tante Betty zu besuchen – in Wirklichkeit war sie gar nicht meine Tante, aber ich wuchs in dem Glauben auf, dass sie meine Tante sei, denn sie war die beste Freundin meiner Mutter. Sie hatte einen Schlaganfall in ihrer rechten Hemisphäre [in der rechten Gehirnhälfte, M. S.] erlitten.
> Als wir ihr Zimmer betraten, beschrieb einer der Medizinstudenten ihren Fall. »Linksseitige Hemiplegie (linksseitige Lähmung)«, wurde ich aufgeklärt.
> Tante Betty lag auf ihrem Rücken und wandte ihren Kopf und ihre Augen nach rechts. »Betty«, rief ich. Nicht Tante Betty, sondern Betty. Ich war 37; ich sagte seit langer Zeit nicht mehr »Tante« – seit mindestens zwei Jahren.
> Ich näherte mich ihrem Bett von der linken Seite, aber Tante Betty

drehte ihren Kopf nicht zu mir, um mich anzusehen, nicht einmal ihre Augen.

»Hat«, rief sie. »Wo bist du?«

Ich drehte ihren Kopf ganz sanft zu mir. Wir unterhielten uns. Sie hatte ganz offensichtlich keinerlei Sprachprobleme, keinen Gedächtnisausfall und war auch nicht verwirrt. Sie war so klug wie immer. Aber ihre Augen sahen dauernd nach rechts, so, als ob die linke Seite ihrer Welt gar nicht existierte.

Ich nahm ihre rechte Hand und hielt sie vor ihre Augen. »Was ist das?«, fragte ich. »Meine Hand natürlich«, sagte sie in einem Tonfall, der deutlich machte, was sie von meiner Frage hielt.

»Gut, was ist dann das hier?«, sagte ich und hielt dabei ihre gelähmte Hand so, dass sie sie sehen konnte.

»Eine Hand.«

»Wessen Hand?«

»Deine Hand, nehme ich an«, antwortete sie. Sie schien ernsthaft verblüfft zu sein. Ich legte ihre Hand vorsichtig auf das Bett zurück.

»Warum bist du in dieses Krankenhaus gekommen?«, fragte ich.

»Um dich zu sehen«, antwortete sie zögerlich. Ich merkte ihr an, dass sie keine rechte Antwort darauf hatte.

»Hast du irgendein Problem?«

»Nein.«

»Wie steht es mit deiner linken Hand und deinem linken Bein?« »Die sind in Ordnung«, sagte sie. »Wie ist es mit deinen?«

»Sie sind auch in Ordnung«, entgegnete ich.

Es bedurfte keiner weiteren Fragen. Tante Betty war in Schwierigkeiten.[8]

Die Anosognosie tritt bei der Schädigung einer ganz bestimmten Hirnregion auf, nämlich der so genannten *somatosensorischen Rindenfelder* in der rechten Seite des Gehirns. Dieses Gebiet ist verantwortlich für die Verarbeitung von körperlichen Signalen. Dazu gehören Tast- und Temperaturempfinden, das sind Signale, die sich auf das Äußere des Körpers beziehen. Außerdem werden hier auch Signale aus dem Körperinneren verarbeitet, betreffend der Stellung der Gelenke, des Zustandes der Organe, der Blutgefäße, des Bauches, der Brust oder der Haut sowie des Schmerzempfindens.

Für alle diese Körperwahrnehmungen, äußere wie innere, werde ich in diesem Buch das Wort Eigenwahrnehmung *benutzen. Gemeint ist damit die Wahrnehmung all dessen, was in und mit dem eigenen Körper geschieht.*

Bei Menschen mit Anosognosie ist nicht nur die Eigenwahrnehmung gestört. Neben der Unfähigkeit, ihre körperliche Verfassung richtig einzuschätzen, zeigen diese Menschen dieselbe Unfähigkeit, angemessene Entscheidungen im persönlichen und sozialen Bereich zu treffen, wie sie auch bei Menschen mit Schädigungen des präfrontalen Cortex beobachtet wird, ich erinnere an Phineas Gage und Elliot. Es scheint also, als spiele auch die Wahrnehmung des eigenen Körperzustandes eine wichtige Rolle bei dem Vorgang, eine gute Entscheidung zu treffen. Nicht nur *Emotionen* sind hierfür wesentlich, so Damasios zweite Spur, sondern auch die *Wahrnehmung des eigenen Körpers.*[9] Darum lässt sich festhalten:

Körpersignale sind für gute Entscheidungen unentbehrlich.

Selbstsicherheit

Das Puzzle, das wir zusammensetzen müssen, um das Geheimnis kluger Entscheidungen zu lüften, nimmt allmählich Gestalt an. Bis jetzt haben wir herausgefunden, dass die Fähigkeit, gute Entscheidungen für ein zufrieden stellendes Leben zu treffen, mit Emotionen und mit Körperempfindungen zu tun hat. Menschen, deren Gehirn Emotionen oder Körperempfindungen nicht mehr entsprechend verarbeiten kann, erleiden in ihrem Leben Schiffbruch.

An dieser Stelle können wir den Brückenschlag zur Psychologie herstellen. Denn das Phänomen, das Damasio entdeckt hat, hat sehr viel mit einer Eigenschaft zu tun, die in der Psychologie schon ausführlich erforscht wurde. Diese Eigenschaft heißt *Selbstsicherheit.* Dieses Wort müssen wir unter zwei Gesichtspunkten betrachten, wenn wir herausfinden wollen, was die Ergebnisse aus der Gehirnforschung mit diesem psychologischen Thema zu tun haben. Einmal müssen wir das Wort »Selbst« betrachten. Und dann müssen wir uns die Frage stellen, welche Bedingungen eintreten müssen, damit ein Mensch sich seiner selbst »sicher« ist.

Überlegen wir zunächst, was mit dem Begriff »Selbst« in diesem Zusammenhang genau gemeint ist. Wenn Menschen ohne spezielle psychologische oder philosophische Kenntnisse über sich selbst sprechen, vermischen sie meistens zwei Ebenen dieses Themas: das »gedachte« und das »gefühlte« Selbst. Keine Angst, Sie müssen gar nichts Neues lernen, es gibt nämlich eine direkte

Verbindung zur Gehirnforschung: Das gedachte Selbst entspricht dem, was wir in den vorigen Kapiteln den Verstand genannt und mit der Denkweise von Commander Spock in Verbindung gebracht haben. Das gefühlte Selbst entspricht dem emotionalen Erfahrungsgedächtnis. Ich möchte Sie zu einem kleinen Experiment einladen, um diese zwei Ebenen bei sich selbst kennen zu lernen.

Die erste Ebene dessen, wie Sie sich selbst wahrnehmen können, bezieht sich auf Ihren Verstand. Wenn ich Sie jetzt auffordern würde, mir zu erzählen, wann Sie in der letzten Woche glücklich waren, würden Sie zu überlegen beginnen. Dabei haben Sie den Eindruck, dass es in Ihnen drin so etwas wie ein »Ich« gibt, das in der Lage ist, sich von anderen Menschen zu unterscheiden. Sie wissen von sich selbst, dass Sie jetzt der Mensch sind, der über das Glück nachdenkt. Auch wenn Sie Pläne schmieden, zum Beispiel darüber, welche Argumente sie anbringen wollen, um das Weihnachtsfest dieses Jahr in Tunesien zu verbringen und nicht zu den Schwiegereltern zu fahren, denken Sie über sich selbst und Ihre Vorlieben und Abneigungen nach. Sie sind sich in diesem Beispiel durch *Denken* Ihrer selbst sicher: »Das bin ich, der/die da über die Tunesienferien nachdenkt.«

Nun gibt es außer dem Verstand noch eine zweite Ebene, auf der man sich selbst wahrnehmen kann: durch eine Emotion und/oder eine Körperempfindung. Beides sind Signale aus dem emotionalen Erfahrungsgedächtnis. Mein bestes Beispiel dafür, wie man auf diese Art das Selbst wahrnehmen kann, ist der Stolz. Und zwar insbesondere der verletzte Stolz. Sie haben in Ihrem Leben sicher schon einmal eine Situation erlebt, in der Sie sehr, sehr lange kompromissbereit waren. Die Kompromissbereitschaft, die ein Mensch aufzubringen bereit ist, unterscheidet sich je nach Temperament und je nach dem Lebensbereich, um den es geht. Egal, welche Menge an Kompromissbereitschaft jemand aufzubringen vermag:

Irgendwann ist der Zeitpunkt gekommen, an dem diese Menge aufgebraucht ist. Das kann nach einer Stunde sein, nach einem Tag, nach Wochen oder nach Jahren. *Wann* dieser Punkt erreicht ist, spielt keine Rolle. In meinem Beispiel geht es darum, *dass* er erreicht ist. Worauf ich Sie hinführen will, ist, dass Sie sich ein solches Erlebnis ins Gedächtnis rufen oder sich in Ihrer Phantasie eine Situation ausmalen, die für Sie passen könnte.

Also: Ihre Kompromissbereitschaft ist erschöpft, und Ihr persönlicher Stolz regt sich. Sie geraten dann typischerweise in eine Verfassung, bei der in Ihnen so etwas auftaucht wie ein inneres »Jetzt reicht es!« oder »Jetzt ist aber genug!«. Diese Verfassung ist in den allermeisten Fällen der Auslöser dafür, dass man sich zu einem geänderten Handeln entschließt.

Die Kompromissbereitschaft hat ein Ende, Sie beginnen nach anderen Lösungsmöglichkeiten zu suchen. Diese Lösungen können natürlich bei verschiedenen Menschen sehr unterschiedlich ausfallen. Es kann zum Beispiel eine Wortmeldung im Team sein (»Jetzt sag ich aber auch mal was dazu!«), ein Wutausbruch (»Verdammt noch mal, jetzt ist aber genug!«), ein Tränenbach (»Ich kann nicht mehr!«) bis hin zum Zigarettenholen ohne Wiederkehr. Oder wie in dem wunderbaren Film »Brot und Tulpen«, in dem eine Frau diesen Prozess nicht als plötzliches Geschehen, sondern als allmählich immer intensiver werdende Entwicklung erlebt, schließlich ihre Familie verlässt und stattdessen mit Bruno Ganz in Venedig Tango tanzt (eine äußerst attraktive Alternative, das muss ich sagen).

Die Lösungsmöglichkeiten sind aber eigentlich gar nicht unser momentanes Thema. Auf was ich hinauswill, ist der eine, entscheidende Moment, in dem es »Klick« macht, in dem der persönliche Stolz sich plötzlich meldet. »Das lasse ich nicht mehr mit mir machen!« Und wenn Sie für sich selbst nun eine solche Situation in Ihrem Gehirn bereithalten, dann bitte ich Sie, Ihre Eigenwahrnehmung in Betrieb zu nehmen. Achten Sie darauf, was in Ihrem Körper geschieht, während Sie sich diesen einen »Punkt ohne Wiederkehr« vergegenwärtigen. Wenn Sie schon genügend in Eigenwahrnehmung geübt sind, werden Sie entweder irgendwo eine Körperempfindung wahrnehmen oder eine starke Emotion oder auch beides. In meinen Seminaren nehme ich gerne dieses Beispiel des verletzten Stolzes, denn die körperlichen und/oder emotionalen Veränderungen, die mit verletztem Stolz einhergehen, sind so stark, dass auch die Menschen, die sich bisher mit Eigenwahrnehmung wenig beschäftigt haben, über eine innere Wahrnehmung berichten können. Ich hoffe, dies ist auch bei Ihnen der Fall.

Wenn Sie etwas gespürt haben, dann müssten Sie jetzt eine klare Vorstellung davon haben, wie sich die Selbstwahrnehmung durch den Verstand von der Selbstwahrnehmung durch die Signale des emotionalen Erfahrungsgedächtnisses unterscheidet. Der Verstand kann unter Umständen über viele Jahre hinweg verschiedene Lösungsmöglichkeiten hin und her überlegen, er kann endlos debattieren, kann die Dinge aus verschiedenen Perspektiven betrachten und kann sich in andere Menschen hineinversetzen. Das emotionale Erfahrungsgedächtnis kennt keine solchen Kapriolen. Es meldet sich eins zu eins. Sie sind sich zu 100% sicher, dass hier, heute und jetzt Ihre ganz persönliche Grenze erreicht ist. Diese Art der Gewissheit kann der Verstand niemals bieten. Diese Sicherheit liefert Ihnen nur Ihr emotionales Erfahrungsgedächtnis. Mit Gefühl und mit dem Körper.

Darum können wir sagen:

Selbstsicherheit basiert nicht auf Gedanken, sondern auf Gefühlen und Körperempfindungen.

Sie werden später noch mehr über die Selbstsicherheit erfahren.

Wie Entscheidungsprozesse verlaufen können

Die Psychologie hat viel darüber geforscht, welche Rolle für unser Wohlbefinden die Fähigkeit spielt, die eigenen körperlichen und emotionalen Reaktionen wahrzunehmen. Sie hat sich auf ihre Weise also mit den gleichen Themen beschäftigt wie die Gehirnforschung. Der Motivations- und Persönlichkeitspsychologe Julius Kuhl hat kürzlich hierzu das mit über 1000 Seiten umfassendste Übersichtswerk vorgelegt, das mir bekannt ist. Er unterscheidet zwei Arten, wie Menschen sich dafür entscheiden, eine bestimmte Handlung auszuführen oder sie zu unterlassen. Die eine ist der *Selbstregulationsmodus*, die andere der *Selbstkontrollmodus*.

Ein Mensch, der seine Entscheidungen im Selbstregulationsmodus *trifft, kann die Körpersignale und/oder die dazugehörigen Emotionen, die das emotionale Erfahrungsgedächtnis hervorruft, gut wahrnehmen und bezieht sie in die Entscheidungsfindung ein.*

Wenn wir unsere körperlichen und emotionalen Reaktionen unmittelbar fühlen und erleben, gewinnen wir Selbstsicherheit. Und diese Selbstsicherheit ist eine wichtige Hilfe, um Entscheidungen zu treffen, von denen wir selbst zu 100% überzeugt sind.

Ein Mensch, der in seinen Entscheidungen auf das angesammelte Wissen zurückgreift, das in seinem emotionalen Erfahrungsgedächtnis gespeichert ist, gestaltet seine Handlungen im Einklang mit dem großen Schatz an Erfahrungen damit, was gut für ihn ist und was ihm schaden kann. Er orientiert sich an den eigenen Werten und an seiner ganz persönlichen Lebenserfahrung. Und dieses eigene Überzeugtsein von der persönlichen Entscheidung wirkt sich sofort auch auf die Überzeugungskraft aus, die er auf andere ausstrahlt. Denn wenn er seine Entscheidung anderen mitteilt, tut er dies mit einem *Ganzkörpergefühl*, das heißt, er vermittelt diese Entscheidung mit jeder Faser seines Körpers und jedem Muskel, sei dieser auch noch so klein.

Der *Selbstkontrollmodus* könnte nicht gegensätzlicher sein:

Ein Mensch, der seine Entscheidungen im Selbstkontrollmodus *trifft, nimmt entweder seine Körpersignale gar nicht wahr, oder er trifft seine Entscheidungen anders, als sein emotionales Erfahrungsgedächtnis ihm nahe legt. Er handelt damit im Prinzip dauernd gegen seinen innersten Kern, gegen sein persönliches Gefühl für sich selbst. Er orientiert sich an Normen und Werten, die von außen kommen, statt an seinen eigenen.*

Julius Kuhl zeigt, dass Menschen, die ihr Leben überwiegend nach dem Selbstkontrollmodus ausrichten, auf Dauer psychisch krank werden. Denn sie wissen nicht, was sie selbst wirklich wollen. Und wenn wichtige Entscheidungen im persönlichen Bereich anstehen, orientieren sie sich daran, was sie, gemessen an einer Norm, die von anderen gemacht wurde, wollen sollten. Sie orientieren sich an dem, was eine bestimmte Institution meint oder was

»man« tut oder was gerade modern ist. Viele psychische Erkrankungen wie Depressionen, Zwangserkrankungen, Angst- und Essstörungen haben ihre Wurzeln im Gefangensein im Selbstkontrollmodus. Kuhl ist davon überzeugt, dass Fortschritte in der Psychotherapie wesentlich davon abhängen, ob es gelingt, dieses Gefängnis zu sprengen.[10]

Ich erinnere mich an eine Patientin, die ich kennen lernte, als sie stationär in der Psychiatrie behandelt wurde. Sie erzählte mir, dass sie sehr viele Gespräche führe, dass sie aber an einem Punkt angelangt sei, an dem ihr die Gespräche nicht mehr helfen würden.

»Ich habe zweimal die Woche Einzeltherapie und zweimal die Woche Gruppentherapie. Außerdem habe ich eine sehr nette Bezugspflegerin, mit der ich mich viel unterhalte. Und dann gibt es ja noch die täglichen Stationsbesprechungen. Und natürlich die anderen Patienten, mit denen ich auch spreche. Und manchmal sagt jeder etwas anderes. Jeder gibt mir einen anderen Ratschlag, jeder hat eine andere Sicht der Dinge. Wenn ich darüber nachdenke, finde ich, dass jeder irgendwie Recht hat. Und dann weiß ich überhaupt nicht, wem ich jetzt glauben soll.«

»Das Nachdenken darüber bringt Sie in diesem Fall nicht mehr weiter«, erwiderte ich. »Sie haben sich viele verschiedene Möglichkeiten angehört, das war auch gut so. Doch die Entscheidung, was davon für Sie gelten soll, liegt jetzt bei Ihnen. Sie wird jedoch nicht gedacht, sondern gefühlt. Sie müssen nach einem Gefühl für Richtigkeit suchen, das nur Sie selbst hervorbringen können. Sie haben sich schon genug den Kopf zerbrochen.«

»Aber ich weiß nicht, was ich fühlen soll!«, antwortete die Patientin verzweifelt und offenbarte damit ihre vermutlich größte Lernaufgabe: Sie wusste nicht, wie man *fühlt*. Bisher hatte sie versucht, ihre Gefühle zu *denken*. Und das geht nicht. Sie musste lernen, ihre somatischen Marker in ihrem Körper zu erspüren. Und diese Fähigkeit entsteht nicht durch Diskussionen und Debatten. Sie entsteht durch ausdauernde und geduldige Übung in Eigenwahrnehmung.

Diese Patientin musste erst lernen, ihren Körper und ihre Emotionen wahrzunehmen. Es gibt aber viele Menschen, die ihre Körpersignale und ihre Gefühle zwar wahrnehmen, sie aber zu unterdrücken versuchen, weil sie sie für trügerisch halten. Psychische Gesundheit besteht aber nach allem, was wir bis heute wissen, nicht darin, die eigenen Gefühle und Körpersignale mit Verstand, Disziplin und Selbstkontrolle »in den Griff« zu kriegen. Das ist letztendlich nichts anderes als eine permanente Selbstvergewaltigung. Psychische Gesundheit besteht natürlich genauso wenig darin, jedem kleinsten Gefühlsimpuls sofort zu folgen und das Denken komplett auszuschalten.

Diejenigen Menschen verfügen über eine gute Selbstsicherheit, die in der Lage sind, die Signale des emotionalen Erfahrungsgedächtnisses wahrzunehmen, sie mit dem Verstand zu verarbeiten und die Entscheidungen für ihre Lebensgestaltung in Harmonie mit den bewussten Überlegungen und den Signalen aus dem emotionalen Erfahrungsgedächtnis zu treffen.

Die Gehirnforscher haben inzwischen präzise Vorstellungen davon, in welcher Abfolge eine solche Koordination verläuft: Bedürfnisse und Wünsche sind im emotionalen Erfahrungsgedächtnis gespeichert und können von dort ins Bewusstsein gelangen. Hier werden dann Analysen und Abwägeprozesse vorgenommen. Entschieden wird durch diese Überlegungen jedoch nichts. Entschieden wird, so sagt die Gehirnforschung, mit den »Stop!«- und

»Go!«-Signalen des emotionalen Erfahrungsgedächtnisses. Erst wenn aus dem Unbewussten das entscheidende Gefühl auftaucht, entsteht der Impuls zum Handeln.

Die folgende Abbildung zeigt ein Schema von diesem Ablauf.

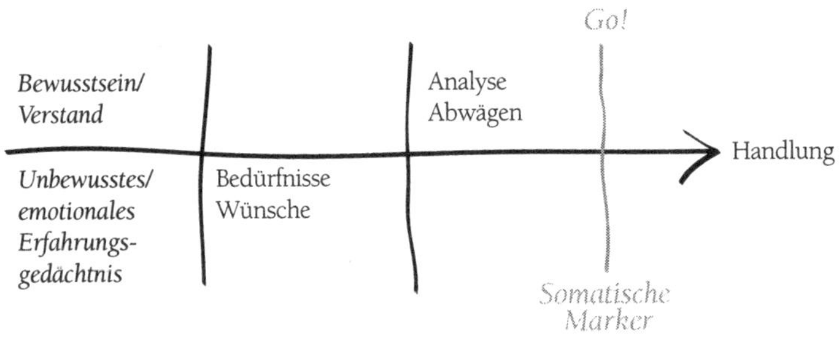

Achten Sie auf eine gute Koordination von unbewussten und bewussten Vorgängen, von Informationen aus dem emotionalen Erfahrungsgedächtnis sowie Denken und Planen, dann können Sie klug und gut entscheiden! Dies ist theoretisch einfach gesagt, doch in der Umsetzung im täglichen Leben manchmal schwierig. An der Universität Zürich beschäftigen wir uns seit vielen Jahren mit der Bedeutung von somatischen Markern. Wir unterrichten Menschen darin, wie sie diese Signale wahrnehmen und deuten können. Und wie es ihnen gelingt, mit ihren Körperempfindungen, ihren Emotionen und ihrem Denken kluge und gute Entscheidungen für ihre Lebensgestaltung vorzunehmen. Im Laufe der Jahre haben wir viele Erfahrungen darüber gesammelt, woran es liegen kann, dass Menschen mit einem gesunden Gehirn ihre somatischen Marker nicht richtig einsetzen. Manchmal sind die Gründe kompliziert, oft sind sie aber recht einfach, und durch ein wenig Know-how und praktische Information ist das Defizit relativ leicht zu beheben. Um Sie an diesen Erfahrungen teilhaben zu lassen, habe ich für Sie im nun folgenden zweiten Teil einen praktischen Leitfaden über die Anwendung von somatischen Markern im Alltag geschrieben.

Abschließend möchte ich Ihnen noch die Quintessenz dieses theoretischen Teils auf den Weg in die Praxis mitgeben:

Klug entscheiden heißt: Inhalte aus dem emotionalen Erfahrungsgedächtnis und bewusste Verstandestätigkeit miteinander zu koordinieren.

TEIL 2

Die Praxis der klugen Entscheidungen

Die Wahrnehmung von somatischen Markern

Jeder Mensch mit einem unverletzten Gehirn verfügt über ein emotionales Erfahrungsgedächtnis und über das daran gekoppelte Signalsystem der somatischen Marker. Menschen unterscheiden sich nicht darin, ob sie somatische Marker *haben* oder nicht, sie unterscheiden sich darin, ob sie diese Körpersignale *wahrnehmen* oder nicht. Diejenigen Menschen, die ihre Körpersignale wahrnehmen, unterscheiden sich dann noch einmal danach, *wie* sie ihre somatischen Marker wahrnehmen und *welche* somatischen Marker sie wahrnehmen. Wir wollen uns diese Variationen im Folgenden genauer anschauen.

Das Auftreten von somatischen Markern basiert immer auf Vorgängen im Körper. Manche Menschen erleben ihre somatischen Marker darum ganz einfach als Körperempfindung. Diese Menschen sagen zum Beispiel: »Ich habe ein angenehmes Gefühl im Bauch.«

Manche erleben ihre somatischen Marker nicht als Körperempfindung, sondern, nach einem weiteren Verarbeitungsschritt, als Emotion. Diese Menschen sagen zum Beispiel: »Ich habe ein wunderbares Freiheitsgefühl in der Brust.«

Manche erleben ihre somatischen Marker weder als Körperempfindung noch als Emotion, sondern als ein Geschehen im Kopf. Sie sagen zum Beispiel: »Auf einmal wurde es ganz hell in meinem Kopf, wie ein Wetterleuchten.«

Manche erleben eine Mischung all dieser Möglichkeiten. Außerdem kann die Art und Weise, wie somatische Marker wahrgenommen werden, von Situation zu Situation variieren. Manche haben auch nur eine Art von Signal, die immer wiederkehrt. Diese Menschen sagen zum Beispiel: »Auf meinen Bauch kann ich mich verlassen!« Sie nehmen ihre somatischen Marker immer über Signale in ihrem Bauch wahr. Andere Menschen haben mal ein Kribbeln im Bauch, mal ein Druckgefühl im Nacken und mal einen Blitz im Kopf.

Manche beschreiben ihre somatischen Marker auf einer realistische Art und Weise. Sie sagen zum Beispiel: »Ich spüre ein Kribbeln in der Gegend des Solarplexus.«

Manche beschreiben ihre somatischen Marker bildhaft. Sie sagen zum Beispiel: »Es fühlt sich an, als hätte ich eine Sonnenblume im Bauch!«

Um mit somatischen Markern arbeiten zu können, ist es unwesentlich, wie Sie diese wahrnehmen. Diese Vorgänge sind völlig individuell, es gibt hierbei keine bessere oder schlechtere Variante. Wichtig ist jedoch, *dass* Sie Ihre somatischen Marker wahrnehmen und *dass* Sie über Ihr eigenes Signalsystem im Bilde sind, so dass Sie es richtig interpretieren und die entsprechenden Schlussfolgerungen für Ihre Entscheidungen und Handlungen ziehen können.

Negative somatische Marker

Zur Erinnerung: Somatische Marker steuern das Vermeidungs- und das Annäherungsverhalten. Sie signalisieren Ihnen, ob Sie vor etwas fliehen oder etwas aufsuchen sollen. Aufgrund der gesammelten Erfahrungen darüber, was Ihnen im Lauf der Jahre geschadet oder genützt hat, geben somatische Marker die Signale »Stop!« oder »Go!«

Negative somatische Marker sind darum auf jeden Fall als Alarmsignal zu verstehen. Sie mahnen zur Vorsicht. Irgendetwas an der Situation, um die es gerade geht, war für Sie schon einmal oder mehrmals schädlich. Es ist darum ausgesprochen wichtig, dass Sie Ihre eigenen negativen somatischen Marker genauestens kennen. Häufig auftretende negative somatische Marker sind zum Beispiel:

Ein Zittern oder ein instabiles Gefühl in den Beinen.

Ein schlechtes Gefühl im Bauch. Ein schwerer Stein, ein schwarzes Loch.

Ein Engegefühl in der Brust. Wie ein Gefängnis, beklemmter Atem, ein Zusammenziehen, eine Angst.

Ein Kloß im Hals, ein Würgegefühl, eine Stauung.

Ein Druck im Nacken, eine große Last, ein Schweregefühl.

Die meisten Menschen nehmen ohne spezielles Training zunächst ihre negativen somatischen Marker besser wahr als ihre positiven. Wenn Sie Ihre somatischen Marker bisher nicht wahrgenommen haben und jetzt beginnen wollen, damit zu arbeiten, ist es am erfolgversprechendsten, wenn Sie anfangen, auf diese negativen Signale zu achten. Dass Menschen die negativen Signale deutlicher wahrnehmen als die positiven, erklärt sich damit, dass es für das Überleben unserer tierischen und menschlichen Vorfahren sehr viel wichtiger war, Gefahrensituationen schnell, eindeutig und prägnant wahrzunehmen, als Wohlgefühle zu entwickeln. Erinnern Sie sich an die Kapitelüberschrift von LeDoux: »Die Schnellen und die Toten«?

Positive somatische Marker

Positive somatische Marker zeigen Ihnen: »Das ist gut für dich!« Wie gesagt, waren sie in den Zeiten, in denen das System der somatischen Marker entstanden ist, weniger wichtig als das Alarmsystem der negativen somatischen Marker. In der heutigen Zeit sind sie jedoch von wesentlicher Bedeutung für eine gelingende Lebensgestaltung. Dies liegt daran, dass uns in der heutigen Situation, in der globale und gesellschaftliche Veränderungen in ungeheurer Geschwindigkeit vor sich gehen, immer weniger verbindliche Werte aus der Außenwelt als Entscheidungshilfen zur Verfügung stehen. Viele traditionelle kirchliche und gesellschaftliche Werte wurden und werden in Frage gestellt und/oder verabschiedet. Die psychologischen Folgen dieses großen Wandels sind noch nicht absehbar. Eine Konsequenz ergibt sich jedoch mit Sicherheit. Sie betrifft die große Verantwortung, die jeder einzelne Mensch dafür hat, wie er sein Leben plant, denn diese Arbeit nimmt ihm niemand mehr ab. Diesbezüglich ist er heute sich selbst überlassen. Egal, ob wir diese Tatsache beklagen oder begrüßen – ich glaube, dass sie durch nichts mehr rückgängig zu machen ist.

Um ihr Leben zu gestalten, müssen Menschen in der heutigen Zeit eine ganz neue Art von Kompetenz entwickeln. Diese Kompetenz wird in der Psychologie *Selbstkompetenz* genannt.

Sie verfügen über Selbstkompetenz, *wenn Sie verlässliches Wissen darüber gespeichert haben, was gut für Sie ist. Nur wenn Sie auf diesen Wissensspeicher Zugriff haben, können Sie einen Plan entwickeln und konkrete eigene Ziele formulieren, auf die Sie hinarbeiten wollen.*

Natürlich ist es auch wichtig, gut gespeichert zu haben, was schlecht für Sie ist. Denn auf der Basis dieses Wissens entstehen die Signale, eine bestimmte Sache nicht mehr zu tun oder eine bestimmte Situation zu meiden. Aber auch wenn Sie diese Alarmsignale zuverlässig wahrnehmen können, folgt daraus nicht automatisch, was Sie stattdessen tun sollten. Die Antwort auf die Frage »Was ist zu lassen?« kann hilfreich sein, etwas Altes zu beenden. Sie hilft jedoch nicht, etwas Neues zu beginnen.

Für eine gelingende Lebensgestaltung benötigen Sie eine Antwort auf die Frage »Was ist zu tun?«.

Wenn Sie sich diese Zusammenhänge vergegenwärtigen, leuchtet Ihnen sicher unmittelbar ein, warum positive somatische Marker eine so große Bedeutung haben. Darum schauen wir uns näher an, auf welche Art positive somatische Marker auftauchen können. Einige davon habe ich im vorigen Kapitel schon dargestellt. Viele Menschen erleben ihre guten Gefühle im Bauch, hierfür habe ich Beispiele genannt. Viele Menschen erleben sie im Brustbereich, ein Beispiel hierfür ist das Freiheitsgefühl, das ebenfalls schon erwähnt wurde.

Manche Menschen erleben ihre positiven somatischen Marker nicht begrenzt auf eine Stelle im Körper, sondern sie berichten über ein Ganzkörpergefühl: »Es fühlt sich an, als ob ich tanze. Mein ganzer Körper ist voll Energie und Tatkraft, ich möchte hüpfen und springen!«

Bei manchen Menschen äußern sich die positiven somatischen Marker in minimalen Zeichen, die so fein sein können, dass man die Eigenwahrnehmung lange schulen muss, um diese sensiblen Signale zu entdecken.

»Ich spüre meine positiven somatischen Marker in den Mundwinkeln. Ein Lächeln kündigt sich an. Als würden kleine Champagnergläser in den Mundwinkeln prickeln.«

Die Art und Weise, wie positive somatische Marker wahrgenommen werden, ist sehr individuell. Außerdem können die Signale je nach Situation variieren. Auch hier gilt: Es gibt kein »Richtig« und kein »Falsch«. Wichtig ist alleine, dass Sie selbst Ihr eigenes Signalsystem kennen, damit Sie es effizient nutzen können.

Probleme mit somatischen Markern

Wenn Sie von den Signalen, die ich auf den vorangegangenen Seiten beschrieben habe, einige bei sich selbst wieder erkannt haben, ist das schon sehr viel. Vielleicht sind Sie auch auf Signale Ihres Körpers aufmerksam geworden, die nicht von mir verzeichnet wurden, von denen Sie aber aufgrund des Wissens, über das Sie jetzt verfügen, vermuten, dass es sich um somatische Marker handelt. Vielleicht ist Ihnen auch klar geworden, dass Sie sich schon Ihr ganzes Leben lang immer nach Ihren somatischen Markern gerichtet haben, rein instinktiv, ohne zu wissen, was die Gehirnforschung und die Psychologie dazu zu sagen haben. Dann gratuliere ich Ihnen, weiter so! Falls dies alles bei Ihnen jedoch nicht der Fall sein sollte, ist dies kein Grund zur Verzweiflung. Denn den Umgang mit somatischen Markern kann man lernen. Das braucht zwar meistens seine Zeit, ist aber jedem möglich, der das Grundprinzip gut verstanden hat. Nach meinen Erfahrungen lassen sich die Menschen, die den Umgang mit somatischen Markern noch nicht optimal beherrschen, in zwei Gruppen einteilen. Je nachdem, welcher Gruppe Sie angehören, ergeben sich unterschiedliche Konsequenzen für das erforderliche Übungsprogramm.

Die Körperlosen

Menschen dieser Gruppe nehmen ihren Körper nur wenig wahr, und ihre Eigenwahrnehmung ist kaum entwickelt. Sie sind weit gehend abgeschnitten von den Signalen, die ihr emotionales Erfahrungsgedächtnis ihnen vermittelt. Darum haben sie es schwerer als andere Menschen, Entscheidungen zu treffen, die auf ihrem eigenen Wissen darüber aufbauen, was ihnen gut tut und was sich erfahrungsgemäß bei ihnen ungut auswirkt. Sie benehmen sich wie ein Kopf mit zwei Beinen, und man könnte meinen, sie seien mit Commander Spock verwandt. Von daher können sie ausgezeichnet analysieren, was theoretisch richtig und was falsch wäre. Aber sie haben ein Handicap, wenn es darum geht, diese Analysen anhand ihrer eigenen Erfahrungen auf ihre ganz persönlichen Bedürfnisse abzustimmen.

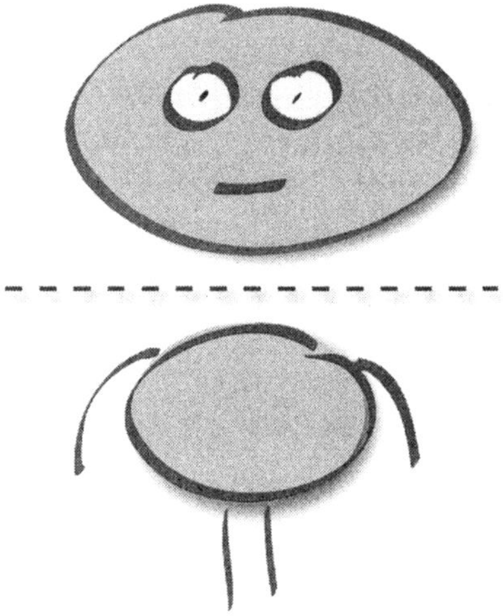

Menschen aus der Gruppe der Körperlosen sind in Gefahr, einem schädlichen Prozess zu unterliegen. Sie verlieren die Fähigkeit, *eigene* Ziele und Absichten von *fremden* Aufträgen zu unterscheiden. Bildlich gesprochen wird bei diesen Menschen der innere Kern der Persönlichkeit von äußeren Einflüssen unterwandert und zersetzt.

»Aber ich muss mich doch bis zu einem gewissen Grad anpassen!«, werden Sie einwenden. »Ich kann doch in meinem Leben nicht nur das eigene Süppchen kochen, das wäre egoistisch und unsozial!« Mit diesem Einwand haben Sie natürlich Recht. Menschen leben normalerweise in Gemeinschaften, und diese Tatsache erfordert eine gewisse Flexibilität von jedem einzelnen Mitglied dieser Gemeinschaft, sei es eine Familie, ein Team oder ein Gesangsverein. Die *unbemerkte Unterwanderung* durch äußere Einflüsse ist jedoch etwas völlig anderes als die *selbstbestimmte, bewusste Anpassung* an die Gemeinschaft. Die unbemerkte Unterwanderung ist, im Unterschied zur selbstbestimmten und damit gesunden Anpassung, nicht frei gewählt. Sie findet schleichend statt und erzeugt unangenehme psychologische Symptome. Menschen, die sich stark von außen beeinflussen lassen, können sich mit ihren Zielen nur wenig identifizieren und sind sich nie sicher, ob sie die richtige Entscheidung getroffen haben.[11]

Wenn Menschen aus der Gruppe der Körperlosen damit beginnen wollen, mit ihren somatischen Markern zu arbeiten, müssen sie zuerst lernen, ihren Körper zu bewohnen. Sie müssen ihre Eigenwahrnehmung trainieren. Dies kann unter Umständen eine Weile dauern und erfordert Ausdauer und Geduld. Gute Methoden, um den eigenen Körper und die Vorgänge darin bewusst wahrzunehmen, sind Yoga, Qigong oder Tai-Chi. Atemtherapien oder Techniken wie Feldenkrais oder Rolfing und auch die Alexandertechnik können in diesem Zusammenhang ebenfalls hilf-

reich wirken. Außerdem wird die Fähigkeit, den eigenen Körper wahrzunehmen, natürlich von jeglicher Art der sportlichen Betätigung unterstützt. Massagen können dabei helfen, ein Gespür für das eigene Körperschema zu entwickeln und in einer entspannten und ruhigen Atmosphäre zu lernen, die Aufmerksamkeit nach innen zu richten.

Egal, welchen Zugang Sie wählen, das Ziel heißt immer: Sie müssen lernen, Ihren Körper mit Ihrer Aufmerksamkeit auszufüllen, sich in ihm zu beheimaten und seine Reaktionen möglichst umgehend und zuverlässig zu spüren. Denn darauf basiert Eigenwahrnehmung. Und ohne gut entwickelte Eigenwahrnehmung haben Sie keine Chance, Ihre somatischen Marker bewusst wahrzunehmen. Und ohne die Wahrnehmung von somatischen Markern sind selbstbestimmte Entscheidungen schwierig, wie wir schon gesehen haben.

Die Unsicheren

Zu dieser Gruppe gehören Menschen, die ihre somatischen Marker zwar deutlich wahrnehmen, die sich aber in ihren Entscheidungen nicht nach ihnen richten. Diese Art der Lebensgestaltung führt, wenn sie auf Dauer angewandt wird, zu einem Gefühl von innerer Zerrissenheit. Menschen, die ihren eigenen Signalen nicht vertrauen, erleben sich oft so, als würden sie eine Rolle spielen, während das »wirkliche« Leben an ihnen vorbeigeht. Selbst wenn das Leben von außen gesehen in geordneten Bahnen verläuft, berichten diese Menschen oft von einer tiefen inneren Unruhe und von der Suche nach einer Möglichkeit, mehr von ihrem eigentlichen Selbst zu leben. Der Schritt zur Selbstsicherheit basiert bei dieser Gruppe darauf, dass sie anfangen, ihren somatischen Markern zu trauen, und lernen, diese Signale mit bewussten Überlegungen zu verbinden. Denn das Gefühl der Rollenspielerei hängt damit zusammen, dass diese Menschen etwas anderes tun, als ihr emotionales Erfahrungsgedächtnis ihnen nahe legt.

Erinnern Sie sich an das, was ich über den Selbstkontrollmodus gesagt habe? Menschen sind im Selbstkontrollmodus dazu in der Lage, etwas anderes zu tun, als sie vom Gefühl her gerne täten. In manchen Fällen ist diese Fähigkeit von Segen, dauerhaft angewandt führt sie zu einem Lebensgefühl, das viele Menschen so beschreiben, als stünden sie neben sich. Sobald das emotionale Erfahrungsgedächtnis in die Entscheidungen und ihre Verwirklichung mit einbezogen wird, verschwindet dieses Spaltungserlebnis. Dies geschieht manchmal verblüffend schnell, das erlebe ich in meiner Arbeit immer wieder. Im Folgenden wollen wir einige typische Situationen anschauen, mit welchen die Gruppe der Unsicheren oft zu tun hat. Ich hoffe, dass Sie – sollten Sie zu dieser Gruppe gehören – die eine oder die andere davon wieder erkennen und die Erkenntnisse, die Sie gewinnen, für sich selbst fruchtbar einsetzen können.

Argumente-Mangel

Eine Situation, über die sehr viele Menschen berichten, betrifft den beruflichen genauso wie den privaten Alltag. Immer geht es darum, einen bestimmten Sachverhalt gemeinsam mit anderen zu analysieren oder zu diskutieren. Das Thema somatische Marker wird dann virulent, wenn die Situation sich so entwickelt, dass eine bestimmte Lösungsvariante von den meisten an der Diskussion Beteiligten Zustimmung erhält.

»Im Prinzip waren alle anderen dafür, nur ich hatte irgendwie ein ungutes Gefühl bei der Sache. Aber ich habe geschwiegen. Was hätte ich denn auch schon sagen sollen? Dass mein Bauch dagegen ist? Kein Mensch hätte mich ernst genommen. Ich hatte keinerlei Argumente, nur mein ungutes Gefühl. Also war ich lieber ruhig.«

Solche Äußerungen höre ich sehr oft, wenn ich mit Klient/innen am Einsatz der somatischen Marker arbeite. Der Grund für ihr Schweigen ist darin zu suchen, dass diese Menschen außer ihrem unguten Gefühl keine sachlichen Argumente in die Diskussion einbringen können. Fundiertes Wissen über somatische Marker kann hier einfache Abhilfe schaffen. Wir hatten eingangs davon gesprochen, dass das emotionale Erfahrungsgedächtnis in der Lage ist, sehr viele Daten in sehr kurzer Zeit zu verarbeiten. Anhand innerer Filme werden ganz ohne Wissen des Bewusstseins verschiedene mögliche Szenarien durchgespielt. Diese Szenarien werden nach Elementen abgesucht, die aus der Erfahrung bekannt sind. Sie erinnern sich: Jede Erfahrung ist mit einer Bewertung in Gestalt eines somatischen Markers verbunden. Wenn nun ein bestimmtes Szenario einen negativen somatischen Marker auslöst, kann es sein, dass der Mensch, dem dies gerade geschieht, zunächst nur ein ungutes Gefühl wahrnehmen kann. Denn das Signalsystem des emotionalen Erfahrungsgedächtnisses arbeitet, wie Sie bereits wissen, zwar schnell, aber detailarm und diffus. Der folgende Merksatz ist darum vielleicht auch für Sie hilfreich und entlastend:

Es ist völlig normal, unmittelbar im Anschluss an die Wahrnehmung eines somatischen Markers noch keine sachlichen Argumente mitteilen zu können. Denn sachliche Argumente entstehen erst nach einer bewussten Beurteilung, die, wie wir wissen, auf der Arbeit von Gehirngebieten beruht, die zwar sehr präzise, dafür aber langsam arbeiten.

Ich wünsche mir sehr, dass Damasios Theorie der somatischen Marker allgemein bekannt und das emotionale Erfahrungsgedächtnis endlich salonfähig wird. Es sollte anerkannt und erlaubt sein zu sagen: »Ich habe im Moment noch keine Argumente, dafür aber einen negativen somatischen Marker. Ich möchte, dass wir uns noch ein wenig Zeit nehmen, bevor wir uns entscheiden.« Gerade für die Arbeitswelt kann es von Vorteil sein, somatischen Markern einen Platz bei Entscheidungsfindungen zu geben. Ein Unternehmen oder ein Team, dass die somatischen Marker seiner Mitarbeitenden dabei nicht mit einbezieht, verzichtet auf eine riesige Ressource: den *gesammelten Erfahrungsschatz* aller beteiligten Menschen. Ich bin fest davon überzeugt, dass Teams, die eine Somatische-Marker-Kultur pflegen, beträchtliche Vorteile haben. Dies betrifft nicht nur die breitere Entscheidungsgrundlage, über die diese Teams verfügen, sondern auch die Motivation aller an der Entscheidung beteiligten Menschen. Denn wenn ich an der Umsetzung einer Entscheidung mitarbeite, bei der ich selbst einen positiven somatischen Marker verspüre, dann gibt mein gefühltes Selbst den »Go!«-Befehl, und das ist der Schlüssel zu meiner Motivation. Auf das Thema Motivation kommen wir später noch einmal ausführlicher zu sprechen.

Zeitdruck

»Jetzt habe ich mir schon wieder eine Präsentation aufs Auge drücken lassen! Ich weiß gar nicht, wie ich das Programm der nächsten Woche bewältigen soll. Dabei hatte ich mir so fest vorgenommen, ab jetzt nur noch Nein zu sagen, wenn mich jemand fragt, ob ich noch Kapazitäten habe!«

Die Frau, die diese Situation berichtet, hat gerade vor dem Gespräch mit ihrer Abteilungsleiterin eine Entscheidung getroffen, mit der sie selbst nicht zufrieden ist. Probleme dieser Art haben oft damit zu tun, dass Menschen sich nicht konsequent genug nach ihren somatischen Markern richten. Dieser Frau, die sich hat überreden lassen, ihren ohnehin schon überfüllten Terminkalender noch weiter zu strapazieren, passieren derlei Szenarien mehrmals in der Woche. Das Ergebnis ist ein aus den Fugen geratener Energiehaushalt, die Work-Life-Balance hat sich aus ihrem Leben schon lange verabschiedet. Als wir rekonstruierten, wie sich ihr Körper in dieser Situation anfühlte, erinnert sie sich an eindeutige negative somatische Marker:

»Als sie mich gefragt hat, ob ich diese Präsentation noch übernehmen kann, hat sich mein Bauch sofort zu einem Klumpen zusammengezogen. Aber dann habe ich gedacht: Sie ist schließlich die Abteilungsleiterin! Und weil sie dauernd auf die Uhr geschaut hat, habe ich gedacht, sie hat es eilig. Ich wollte nicht lästig sein und habe darum zugesagt.« Gerade unter Zeitdruck sind somatische Marker eine wertvolle Orientierungshilfe – *wenn man sie benutzt!* Niemand hat seinen kompletten Terminkalender jederzeit bewusst abrufbar gespeichert. Das emotionale Erfahrungsgedächtnis hat jedoch einen deutlichen Eindruck vom generellen Zustand der Agenda. Ist noch Luft, oder ist Ladenschluss? Das Signalsystem der somatischen Marker vermittelt das Ergebnis sofort.

Jetzt kommt es jedoch darauf an, dieses Signal in die aktuelle Situation mit einzubeziehen. Stehen Sie unter Zeitdruck, sollten Sie auf jeden Fall versuchen, sich Zeit zu verschaffen. »Das kann ich im Moment nicht entscheiden, ich melde mich in einer halben Stunde.« Die so gewonnene Zeit können Sie dazu benutzen, Argumente zu suchen oder Strategien zu planen, die Ihr negatives Körpersignal berücksichtigen.

Manchmal drängt die Entscheidung aber so sehr, dass beim besten Willen kein Zeitpuffer erzeugt werden kann. Situationen, in denen innerhalb weniger Sekunden reagiert werden muss, begegnen uns immer wieder. Lehrkräfte wissen hiervon ein Lied zu singen. Im Schulalltag können jederzeit völlig unvorhersehbare Drucksituationen entstehen, die sofortiges Eingreifen unumgänglich machen, denken Sie zum Beispiel an eine Schlägerei auf dem Pausenhof. Auch hier haben die Menschen mit guter Eigenwahrnehmung einen deutlichen Reaktionsvorteil. Je besser Sie gelernt haben, auf Ihre somatischen Marker zu achten, desto besser wird es Ihnen gelingen, diese Informationen aus dem emotionalen Erfahrungsgedächtnis für schnelle Entscheidungen in Drucksituationen zu nutzen. Allerdings erfordert es ein spezielles Training, um in Drucksituationen nicht einfach nur reflexhaft zu reagieren, sondern die Körpersignale professionell einzusetzen. Dieses Training habe ich an anderer Stelle ausführlich beschrieben.[12]

Im Allgemeinen schätzen es die meisten nicht besonders, unter Zeitdruck entscheiden zu müssen. Sie fühlen sich sicherer, wenn sie auf eine Situation vorbereitet sind. Auch hierbei können somatische Marker sehr hilfreich sein. Viele Situationen, die scheinbar plötzlich entstehen, wurden nämlich, wenn man sie genauer betrachtet, von den somatischen Markern schon eine deutliche Zeitspanne vor ihrem Eintreten angekündigt. Oft »riecht« Ihr emotionales Erfahrungsgedächtnis »den Braten«, lange bevor Ihr Verstand sich einschaltet. Wenn Sie eine gute Eigenwahrnehmung entwickelt haben, kommen Sie den frühen Warnsignalen zuverlässig auf die Spur. Dann können Sie überraschende Situationen in vorhersehbare Situationen verwandeln. Umgekehrt kann eine lückenhafte Eigenwahrnehmung dazu führen, dass Situationen uns unliebsam überraschen können, auch wenn sie im Prinzip vorhersehbar gewesen wären.

Lückenhafte Eigenwahrnehmung

Um besser zu verstehen, wie dies im Alltag funktioniert, können wir beim Beispiel von der überrumpelten Mitarbeiterin bleiben. Wie sich nach einigen Fragen herausstellte, hatten sich ihre negativen somatischen Marker nicht erst in der Situation im Büro der Abteilungsleiterin bemerkbar gemacht, sondern schon zu dem Zeitpunkt, als diese ihre Mitarbeiterin zu sich bat.

»Schon bei ihrem Anruf hatte ich das unangenehme Gefühl im Bauch. Als ich dann den Gang zu ihrem Büro hinuntergelaufen bin, wurde dieses Gefühl immer deutlicher. Ich habe schon geahnt, dass sie wieder einen Zusatzjob für mich hat.«

Diese Mitarbeiterin hätte sich, wenn sie auf ihre frühen negativen somatischen Marker geachtet hätte, schon gleich nach dem Anruf, in ihrem eigenen Territorium, auf die Möglichkeit vorbereiten können, dass sie mit der Bitte um Zusatzarbeit konfrontiert werden würde. Und sie hätte sich überlegen können, wie sie mit einer solchen Bitte umgehen könnte. Falls sie der Bitte der Abteilungsleiterin aus Karrieregründen gerne nachgekommen wäre, hätte sie sich aufgrund ihres Alarmsignals bezüglich Überlastung im Vorfeld mit einer Kollegin absprechen und sich Luft für den Auftrag verschaffen können. Falls sie zu dem Entschluss gekommen wäre, den neuen Auftrag auf keinen Fall anzunehmen, hätte sie sich in Ruhe gute Argumente zurechtlegen können. Auch etwaig benötigte Notlügen wollen gut überlegt sein und bedürfen manchmal strategischer Maßnahmen, um auf andere glaubhaft zu wirken und damit ihren Zweck zu erfüllen. Zu der Überrumpelungssituation war es in diesem Fall eigentlich nur gekommen, weil diese Mitarbeiterin eine lückenhafte Eigenwahrnehmung hatte.

Sie sehen, warum es so wichtig ist, für die eigenen somatischen Marker eine ganz besondere Sensibilität zu entwickeln. Denn die eigenen Körpersignale geben permanent einen begleitenden und bewertenden Kommentar zu jeglicher Aktivität, mit der Sie gerade befasst sind. Die Aufmerksamkeit für das, was in Ihrem Körper geschieht, hat nichts mit lila Latzhosen, Gesundheitssandaletten oder Räucherstäbchenkultur zu tun. Sie ist vielmehr eine unverzichtbare Hilfe für ein gutes Leben und für kluge Entscheidungen. Über eine gut trainierte Fähigkeit zur Eigenwahrnehmung befinden Sie sich in einer dauernden Beziehung zu Ihrem Körpergeschehen und zu Ihrem gefühlten Selbst. Und dadurch erlangen Sie die Fähigkeit, tagtäglich viele kleine oder große Gelegenheiten zu nutzen, um Ihren Tagesablauf so zu gestalten, wie es Ihren Bedürfnissen am besten entspricht. !

Aufmerksamkeit gegenüber dem Geschehen im eigenen Körper.

Mit somatischen Markern arbeiten

Jetzt haben wir alle Informationen beisammen, um das Geheimnis kluger Entscheidungen zu enträtseln. Was ist zu tun? Die Mitglieder der Gruppe der »Körperlosen« müssen zuerst ihre Eigenwahrnehmung trainieren, bevor sie damit beginnen können, ihre somatischen Marker systematisch einzusetzen. Die Mitglieder der Gruppe der Unsicheren, die bereits ein Gespür für ihre Körpersignale haben, können gleich damit beginnen, deren Einsatz zu üben.

Um Ihre somatischen Marker systematisch einsetzen zu können, müssen Sie verstehen, wie Sie die Informationen aus Ihrem Bewusstsein und die Körpersignale aus Ihrem emotionalen Erfahrungsgedächtnis miteinander koordinieren. Völlig unerfahrenen Menschen ist allerdings *dringend* zu empfehlen, nicht gerade bei der wichtigsten Entscheidung ihres Lebens zum ersten Mal mit somatischen Markern zu arbeiten. Beginnen Sie mit dem, was ich in meinen Seminaren die Pizza-Probe nenne. Ihrem emotionalen Erfahrungsgedächtnis ist es nämlich völlig egal, ob Sie sich entscheiden, heute lieber Pizza Margherita statt Pizza Salami zu essen, oder ob es sich bei Ihrer Entscheidung um eine große Immobilieninvestition handelt. Jede Entscheidung erfolgt nach demselben Prinzip. Darum beginnen Sie Ihr privates Trainingscamp mit Entscheidungen, die vergleichsweise wenig drastische Auswirkungen haben. Und steigern Sie den Wichtigkeitsgrad Ihrer

Entscheidungen parallel zur Sicherheit, die Sie im Umgang mit Ihren somatischen Markern gewinnen.

Die Koordination von Verstand und emotionalem Erfahrungsgedächtnis

Ein Mensch, der sich in seinem ganzen bisherigen Leben noch nie nach seinen somatischen Markern gerichtet hat, sollte sich davor hüten, ab sofort ganz nach dem Gefühl zu entscheiden. Denn das emotionale Erfahrungsgedächtnis beruht – wie der Name schon sagt – auf Erfahrungen. Es kann Signale über all die Dinge abgeben, die es schon einmal erlebt hat. Was aber neuartige Dinge betrifft, verfügt das emotionale Erfahrungsgedächtnis über keinerlei Daten. Es kann lediglich versuchen, Ähnlichkeiten zu finden. Man nennt diesen Vorgang in der Psychologie *Generalisierung*. »Alle Männer sind Schweine« ist zum Beispiel eine solche Generalisierung, bei der einige schlechte Erfahrungen auf sämtliche Mitglieder einer bestimmten Gattung übertragen werden. Diese Fähigkeit des Gehirns kann uns als schnelle Orientierungshilfe nützlich sein. Sie schadet jedoch dann, wenn eine Situation zu früh mit etwas bereits Bekanntem gleichgesetzt wird.

Jeder von uns kennt die Art von festgefahrenen Menschen, die – egal, was ihnen widerfährt – stereotyp antworten: »Das kenne ich schon, mir musst du nichts erzählen!« Dialoge mit solchen eingeengten Menschen werden irgendwann einmal ermüdend; Außenstehende haben den Eindruck, als würden sich diese Menschen gegen alles Neue verschließen. Diese Verhaltensweise ist ein Beispiel dafür, zu was es führt, wenn man sich *ausschließlich* auf seine Erfahrungen verlässt. Dabei hat das Gehirn den Verstand eigens entwickelt, damit wir angemessen mit Neuem umgehen

Verstand = Werkzeug d. Gehirns

können. Der Verstand ist ein Werkzeug des Gehirns, um auf *neue* und *unbekannte* Situationen reagieren zu können. Allerdings braucht eine solche Beurteilung ihre Zeit, wie wir wissen, denn die Datenverarbeitung der Gehirnregionen, die diese Denkprozesse hervorbringen, funktioniert bedeutend langsamer als das emotionale Erfahrungsgedächtnis.

Das Geheimnis kluger Entscheidungen liegt, wie bereits gesagt, darin, bewusste Beurteilung und unbewusste Bewertungen in der Weise zu koordinieren, dass Wohlbehagen entsteht. Das Grundprinzip dieser Koordination ist so einfach, dass ich es in einen Merksatz packen kann.

Psychisches Wohlbehagen entsteht, wenn die Bewertung aus dem emotionalen Erfahrungsgedächtnis – die unbewusste Bewertung – und die Analyse des Verstandes – die bewusste Bewertung – zu übereinstimmenden Ergebnissen kommen.

Psychisches Wohlbefinden

B

=

UB

Bevor ich näher darauf eingehe, wie eine solche Koordination gelingen kann, möchte ich mich noch dem Thema »Überzeugungskraft« widmen. Wenn Sie damit beginnen wollen, Ihre Entscheidungen auf die Art zu koordinieren, die ich empfehle, haben

Sie nämlich außer der Tatsache, dass Sie psychisches Wohlbehagen bei sich selbst erzeugen, auch noch einen weiteren Vorteil. Es wird Ihnen leichter fallen, anderen Menschen Ihre Vorstellungen darzulegen. Ein Mensch, der für eine Entscheidung sowohl Verstand als auch das emotionale Erfahrungsgedächtnis zu Rate zieht, wirkt auf seine Mitmenschen authentisch und sicher. Er wird seine Argumente mit Überzeugungskraft vortragen können. Dass dieser Mensch überzeugend wirkt, liegt daran, dass seine Entscheidung auch von seinen Gefühlen mitgetragen wird. Und weil der Körper die Bühne der Gefühle ist, vertritt dieser Mensch seine Überzeugungen mit dem ganzen Körper und nicht nur mit dem Mund. Ein guter Schauspieler *spielt* seine Rolle nicht, er *lebt* sie, weil er ein Ganzkörpergefühl hat.

Rufen Sie sich selbst einmal eine Begebenheit in Erinnerung, bei der jemand auf Sie glaubwürdig und überzeugend gewirkt hat. Vermutlich können Sie gar nicht genau angeben, woher dieser Eindruck kam, Sie hatten halt irgendwie das Gefühl. Die Wissenschaft kennt den Grund. Wenn ein Mensch echte Gefühle hat, die er auch wirklich empfindet, äußert sich das in Bewegungen der Gesichtsmuskulatur, die teilweise nur für die Dauer von Sekundenbruchteilen auftauchen, die aber trotzdem von anderen Menschen wahrgenommen und interpretiert werden. Diese Wahrnehmung und Interpretation findet oft unbewusst, durch unser emotionales Erfahrungsgedächtnis, statt, so dass wir gar keine genaue Auskunft darüber geben können, warum ein bestimmter Mensch glaubhaft oder unglaubhaft wirkt. Die gefühlsmäßige Einschätzung über die betreffende Person sitzt jedoch meistens bombenfest. Es ist so schwer, Gefühle vorzutäuschen, weil es erstens zahlreiche Gesichtsmuskeln sind, die zum Auftreten eines bestimmten Gefühls gehören, und zweitens einige davon mit dem Willen gar nicht zu steuern sind. Und dann gehört natürlich auch noch der ganze Körper dazu, um eine bestimmte innere Haltung für die Außenwelt glaubhaft darzustellen.

Wenn ein Politiker von seinen Beratern dazu aufgefordert wird, vor laufenden Kameras seine Frau zu küssen, damit er lockerer und leidenschaftlich wirkt, und er seine arme Frau auf eine Art um sich herumwirbelt, dass sie sich fast das Kreuz bricht, dann wirkt diese Aktion deswegen so komisch, weil die Entscheidung dazu ausschließlich vom Verstand getroffen wurde. Nur wenn eine Entscheidung vom Gefühl mitgetragen wird, können die unzähligen Bewegungen der Muskeln von Gesicht und Körper richtig koordiniert werden; der kleine Arbeitsspeicher des Verstandes ist mit solch einer Aufgabe völlig überfordert. Viele Menschen in Führungspositionen, in Politik und Wirtschaft, geben teures Geld für Imageberatung aus. Meistens allerdings ohne Erfolg, wie man von den zahlreichen unglaubwürdigen Fernsehbildern weiß. Denn die Mehrzahl der Imageberater/innen übersieht eben, dass echte Überzeugungskraft dem Gefühl entspringt. Ein Pokerface und wohlgeschliffene Phrasen hinterlassen bei den meisten Menschen – zum Glück (!) – das Gefühl von Unglaubwürdigkeit.

Wirksame Überzeugungskraft wird anders erzeugt, sie läuft über die erfolgreiche Koordination von Verstand und emotionalem Erfahrungsgedächtnis. Insofern ist sie tatsächlich ein guter Indikator von Ehrlichkeit. Auch in der Gastronomie würde ich mir übrigens mehr Ehrlichkeit in diesem Sinne wünschen. Nichts lässt mich einsamer in meinem Hotelzimmer zurück als das antrainierte Roboterlächeln vieler Rezeptions- und Serviceangestellter. Wenn im faltigen Gesicht eines brummigen Kellners eine minimale Lachrunzel auftaucht, wirkt das auf mich wesentlich glaubwürdiger als Legionen von mechanisch grinsenden Menschen, denen in Wirklichkeit gar nicht zum Lachen ist. Menschen, die echt und überzeugend wirken möchten, müssen sich auf diese Aufgabe vorbereiten. Dies ist nicht immer einfach.

Manchmal ergibt sich die geglückte Koordination von Verstand und emotionalem Erfahrungsgedächtnis von selbst, oft aber auch nicht. Wie schön, wenn der Kunde, der zur Tür hereinkommt, mir auf Anhieb sympathisch ist, so dass ich ihm ein strahlendes Herzenslächeln schenken kann. Wie wunderbar, wenn der Mann, den ich liebe, auch meinen Eltern gefällt, sich mit meinen Geschwistern gut versteht, eine supernette Schwiegermutter mit in die Ehe bringt und meine eigenen Lebenspläne teilt. Prima, wenn just in dem Augenblick, in dem es mir in meinem alten Job etwas unbehaglich wird, ein wunderbares Angebot kommt, das nur Vorteile für mich hat. Toll, wenn eine Entscheidung der Firma, die ich öffentlich vertreten muss, auch meinen eigenen Ansichten entspricht. Das Leben geht manchmal jedoch auch andere Wege, das wissen wir alle. Und gerade dann können somatische Marker sehr hilfreich sein.

Der Konflikt zwischen Verstand und emotionalem Erfahrungsgedächtnis

Grundsätzlich gilt: Wenn die Bewertung durch das emotionale Erfahrungsgedächtnis und die Bewertung durch den Verstand zu unterschiedlichen Ergebnissen kommen, entsteht ein gefühlsmäßiges Unbehagen. Wenn zum Beispiel die Architektin vom Kauf des gemütlichen alten Bauernhauses mit dem wilden Thymian vor der Tür, das uns auf Anhieb begeistert hat, dringend abrät, weil die Renovierungsarbeiten unabsehbare Kosten verursachen könnten. Wenn der Verstand weiß, dass die Krampfadernoperation allmählich wirklich drängt, das emotionale Erfahrungsgedächtnis aber nur schmerzhafte Erinnerungen mit Krankenhausaufenthalten verbindet. Wenn alle Marktanalysen dafür sprechen, sich in China zu positionieren, und die vielen Schauergeschichten der Freunde und Bekannten über die Eigenarten chinesischer Verträge die somatischen Marker in höchste Alarmbereitschaft versetzen. Oder wenn man im Kopf genau weiß, dass es an der Zeit ist, in den Ruhestand zu gehen und Platz für Jüngere zu machen, und das Herz doch noch so sehr an der Firma hängt.

Psychisches Unbehagen

B

≠

UB

Um in diesen Fällen handlungsfähig zu werden, stehen uns zwei Möglichkeiten zur Verfügung. Entweder wir zwingen uns mit Disziplin zu der Handlungsweise, die vom Verstand empfohlen wird. Dann handeln wir im *Selbstkontrollmodus*, Sie erinnern sich. Der Selbstkontrollmodus erfordert aber so viel Energie und psychische Anstrengung, dass Sie das damit verfolgte Ziel in Zeiten von erhöhter Belastung oder bei genügend starker Ablenkung aufgeben werden. Der Selbstkontrollmodus erzeugt gerade genügend Energie, um sich in einem einmaligen Akt in die zahnärztliche Praxis zu begeben. Die mobilisierte Energie genügt jedoch nicht, um sich ein Leben lang durch regelmäßiges Jogging fit zu halten oder um sein Essverhalten dauerhaft zu ändern. Diejenigen Menschen, denen es doch gelingt, ihr Leben vorwiegend im

Selbstkontrollmodus zu verbringen, sind, wie wir schon gesehen haben, auf Dauer von psychischer Krankheit bedroht.

Die zweite Möglichkeit, um dem Konflikt zwischen verstandes- und gefühlsmäßiger Bewertung zu entkommen, besteht darin, die Angelegenheit im *Selbstregulationsmodus* zu lösen. Sie erinnern sich: Das Ziel ist hier, für den Zwiespalt eine Lösung zu finden, die von Verstand und Gefühl gleichermaßen unterstützt wird. Wenn ich im Folgenden anhand eines Beispiels darstelle, wie der Versuch, das Dilemma zu lösen, vor sich gehen kann, sei damit auf keinen Fall gesagt, dass dieser Prozess immer einfach und reibungslos verlaufen muss oder dass ein Mensch, der in einem tief sitzenden Konflikt steckt, diesen durch das Lesen eines Buches in einer Art Selbstreparatur beheben könnte. Diese Einschränkung ist mir so wichtig, dass ich Sie an dieser Stelle um Verständnis für einen kleinen Exkurs zum Thema »Selbstreparatur« bitte.

Um zu verdeutlichen, was mir am Herzen liegt, möchte ich mit einem Vergleich beginnen: Niemand würde erwarten, dass ich Sie in die Lage versetze, sich mit einem Selbsthilfebuch in der Hand in eigener Regie den Blinddarm herauszunehmen oder ein künstliches Hüftgelenk einzusetzen. Wie jeder Mensch weiß, begibt man sich für derartige Unternehmungen mit Vorteil in die Hände von Expertinnen und Experten. Ebenso wenig können Sie Salsa- oder Tangotanzen aus Büchern lernen. Sie suchen zu diesem Zweck eine Tanzschule auf. Auch wer richtig gut kochen will, braucht dazu jemanden, der ihm zumindest die Grundlagen beibringt. Kürzlich haben wir einen neuen Videorecorder gekauft. Wer hat ihn programmiert, nachdem mein Mann und ich eine Woche unserer kostbaren Lebenszeit mit den vergeblichen Versuchen vergeudet hatten, die mitgelieferte Gebrauchsanleitung umzusetzen? Der Fachmann von Elektro-Kuenz aus meiner Heimatstadt. Es hat den Anschein, als akzeptierten die Menschen in sämtlichen Lebensbereichen die Tatsache, dass man für gewisse Dinge auf die Hilfe von Expertinnen und Experten angewiesen ist. Ein Lebensbereich ist jedoch aus mysteriösen Gründen davon ausgenommen: die eigene Psyche.

Julius Kuhl, der ein sehr differenziertes Modell entwickelt hat, wie unsere Psyche funktioniert, schreibt, dass sich die Menschen, denen er sein Modell vorstellt, oft darüber beklagen, dass es so viele Komponenten enthalte und so kompliziert sei. Er fragt dann jeweils, warum ein Modell der menschlichen Psyche weniger kompliziert zu sein habe als etwa ein Schaltplan für ein Fernsehgerät. Woher diese Erwartung kommt, ist mir selbst auch ein Rätsel. Ich vermute, sie hängt mit der Tatsache zusammen, dass alle Angelegenheiten, welche die »Psycho-Dinge« betreffen, unsichtbar sind. Ob meine Hüften salsagerecht kreisen, kann ich unmittelbar im Spiegel beobachten. Ob der Videorecorder funktioniert, weiß ich ganz genau, wenn ich versuche, meinen Lieblingstatort mit Kommissar Bienzle aufzunehmen. Bei den Psycho-Dingen ist vergleichsweise vieles weniger offensichtlich. Es gibt ein paar flüchtige Gedanken zu registrieren, einige Gefühle hier und da und bestenfalls mehr oder weniger qualifizierte Rückmeldungen von Zeitgenossen oder Lebensgefährt/innen. Die Geschehnisse sind in Nebel gehüllt. Und dann kommen die »7 Tipps zum Erfolg« aus der Wochenzeitschrift gerade recht, denn sie behandeln die Psyche wie Betty Bossi den Hefeteig und versprechen einfache Abhilfe.

Ich persönlich freue mich über jeden Menschen, dem mit einfachen Mitteln geholfen werden kann. Dies kann durchaus auch die Lektüre eines Buches sein. Oft helfen tatsächlich Verstehen und Einsicht, um mit sich selbst besser umzugehen. Wenn ich daran nicht glauben würde, würde ich dieses Buch gar nicht schreiben. Ich möchte jedoch nachdrücklich dazu aufrufen, professionellen Rat einzuholen, sei es im beruflichen Bereich in Form von

Coaching, sei es im privaten Bereich durch eine psychologische Beratung, wenn Sie merken, dass es alleine nicht so gut klappt. Professioneller Rat besteht nicht immer in 400 Stunden Psychoanalyse. Dies ist eine altertümliche Vorstellung von psychologischem Wirken, die endlich entsorgt werden sollte. Hilfreicher professioneller Rat kann unter Umständen schon in einem einstündigen Gespräch enthalten sein. Seit der Tätigkeit von Ahnvater Freud sind hundert Jahre vergangen. In diesem Zeitraum hat die Psychologie ziemlich viel neues Wissen und gut abgesicherte Methoden hervorgebracht. Den Unterschied zwischen dem psychologischen Wissen um die Jahrhundertwende und dem psychologischen Wissen von heute können Sie sich vorstellen wie den zwischen jenen ersten Autos, die man als liebenswerte Schnaufen aus den alten Dick-und-Doof-Filmen kennt, und einem Ferrari. Also: Trauen Sie sich ruhig, eine Expertin oder einen Experten hinzuziehen, wenn Sie alleine nicht mehr weiterkommen. Es lohnt sich, glauben Sie mir.

Damit ist mein Exkurs zum Thema »Selbstreparatur« beendet, und wir können uns wieder dem Konflikt zwischen Verstand und Gefühl zuwenden, der ja immer noch auf eine Klärung wartet. Wenn also ein Mensch in einem solchen Konflikt steckt, muss er mit einem Vorgang beginnen, für den sich in der Psychologie der Begriff »Rückmeldeschleifen« eingebürgert hat und dessen Prinzip die folgende Abbildung darstellt.

Selbstregulation

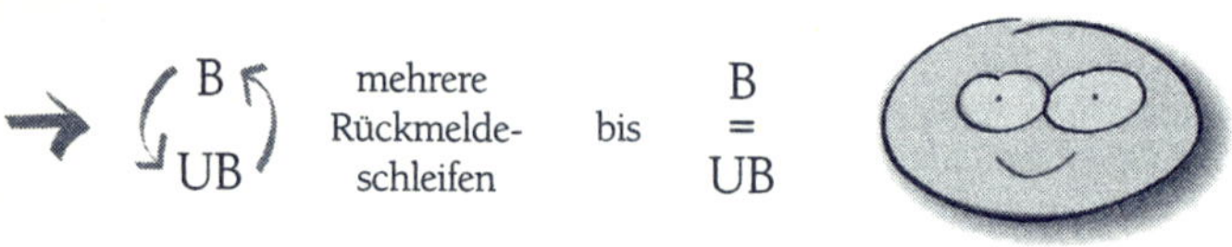

Unter einer Rückmeldeschleife verstehe ich hier einen Austausch von Information zwischen dem Verstand und dem emotionalen Erfahrungsgedächtnis, wobei sich die beiden Ebenen gegenseitig beeinflussen.

Es müssen meist mehrere Rückmeldeschleifen zwischen Verstand und emotionalem Erfahrungsgedächtnis durchlaufen werden, bis eine für beide Seiten akzeptable Lösung gefunden ist. Carl Gustav Jung, der Schweizer Psychoanalytiker, hat diese Rückmeldeschleifen zwischen Verstand und emotionalem Erfahrungsgedächtnis den »Dialog zwischen Bewusstsein und Unbewusstem« genannt. Egal, wie man es formuliert, benötigt wird eine Abstimmung zwischen den beiden Ebenen der Psyche, die miteinander im Konflikt liegen. Wie so etwas aussehen kann, wie man gelingende Selbstregulation erzeugt, das werden wir uns anhand von Beispielen genauer anschauen. Zunächst möchte ich Sie jedoch noch auf einen interessanten Zusammenhang hinweisen, und zwar den Zusammenhang zwischen Selbstregulation und Motivation.

Selbstregulation und Motivation

Gelingende Selbstregulation hat sehr viel mit *Motivation* zu tun. Dieses psychologische Wort ist in unserer Umgangssprache inzwischen alltäglich geworden. In jeder Sportschau kann man Menschen von Motivation sprechen hören. Ohne Motivation gibt es keine Spitzenleistung. Auch Führungskräfte müssen ihre Mitarbeitenden motivieren, das weiß jedes Kind. Obwohl viel über Motivation gesprochen wird, wird selten systematisch für Motivation gesorgt. Neunundsechzig Prozent aller Deutschen sind bei ihrer Arbeit nicht motiviert und machen nur Dienst nach Vorschrift, einundzwanzig Prozent geben sogar zu, teilweise aktiv gegen die Interessen des Unternehmens zu arbeiten, meldet gerade das Meinungsforschungsinstitut Gallup aus Potsdam. Die Daten stammen aus einer repräsentativen Studie. Gallup beziffert den gesamtwirtschaftlichen Schaden aufgrund fehlender Motivation am Arbeitsplatz auf jährlich rund 220 Milliarden Euro. Es gibt stapelweise psychologische Fachliteratur, die belegt, dass Menschen, die aufgrund ihrer eigenen inneren Haltung von einem bestimmten Ziel überzeugt sind, dieses Ziel schneller, effektiver und öfter erreichen als Menschen, die ein Ziel mühselig im Selbstkontrollmodus abarbeiten. Zusammen mit meinem Kollegen Frank Krause habe ich hierzu ein ausführliches Buch geschrieben.[13]

Wenn es so sonnenklar ist, dass ein Mensch gut motiviert sein muss, um Ziele erfolgreich anzupacken, warum kümmert sich dann niemand darum, dass dies auch geschieht? Dieser Vorwurf betrifft keineswegs nur die Geschäftswelt. Wo ist das Thema »Motivation« an den Schulen? Wo ist das Thema »Motivation« in den Partnerschaften und Familien? Wie viele Menschen verwenden ausreichend Sorgfalt darauf, überhaupt einmal sich selbst gut zu motivieren? Das Thema »Motivation« fällt immer noch, wie vor fünfzig Jahren, unter die Rubrik »soft issues«, wie es in der Geschäftswelt heißt. Für dieses Thema kann man Geld ausgeben, wenn vom Budget noch etwas übrig ist, genauso wie für Handarbeitsunterricht, den Ankauf eines Bildes für die Eingangshalle oder eine Spende ans Mutter-Teresa-Kinderdorf. Die wirklich wichtigen Dinge des Lebens, die harten Fakten, haben mit Motivation nichts zu tun. Woher kommt dieser grandiose Irrtum? Ich weiß es nicht. Meine einzige Erklärung ist wiederum die Unsichtbarkeit der Psycho-Dinge. Doch die Gehirnforschung hat diese Psycho-Dinge jetzt sichtbar gemacht. Und damit werden hoffentlich nicht nur die somatischen Marker endlich salonfähig, sondern als Folge auch die Motivation.

Ob jemand wirklich motiviert ist, können Sie übrigens nicht nur bei sich selbst mittels Ihrer Eigenwahrnehmung beobachten, sondern auch bei den Menschen, an deren Motivation Ihnen etwas liegt. Dies kann auf Führungskräfte zutreffen, auf Lehrkräfte oder auf Privatpersonen, die einen gemeinsamen Urlaub planen. Motivation ist der Treibstoff für jegliche menschliche Aktivität. Auch Ihr Gegenüber hat somatische Marker, nicht nur Sie. Und weil somatische Marker sich über den Körper äußern, lügen sie niemals. Sie treten in Sekundenschnelle auf und sind bei den meisten Menschen deutlich sichtbar. Sie äußern sich zum Beispiel in einer plötzlichen Veränderung der Körperhaltung oder des Atems. Es kann sein, dass Ihr Gegenüber auf einmal ganz rot im Gesicht wird. Es kann sein, dass ein Lächeln oder ein Lachen auftaucht. Beobachten Sie einmal die Menschen, mit denen Sie zu tun haben! Wenn man einmal dafür sensibilisiert ist, entdeckt man die positiven somatischen Marker anderer Menschen (beziehungsweise deren Ausbleiben) immer öfter. Wenn Sie wissen wollen, ob jemand wirklich motiviert ist, etwas zu tun, schauen Sie, ob ein positiver somatischer Marker auftritt. Wenn er fehlt, ist es mit der Motivation schlecht bestellt. Nun wollen wir uns damit befassen, wie Motivation erzeugt wird oder, mit anderen Worten, wie Selbstregulation gelingen kann.

Die drei Varianten gelingender Selbstregulation

Gelingende Selbstregulation erreichen Sie, indem Sie Verstand und emotionales Erfahrungsgedächtnis in einer oder mehreren Rückmeldeschleifen allmählich aufeinander abstimmen. Diesen

Vorgang wiederholen Sie so lange, bis die gewollte und die gefühlte Absicht übereinstimmen. Dies kann manchmal sehr schnell gehen und ist mit einer Rückmeldeschleife erledigt, es kann aber – besonders bei sehr tief greifenden Gegensätzen – auch viel Zeit in Anspruch nehmen. Falls die Umstände es Ihnen erlauben, sich ausreichend Zeit zur Selbstregulation zu nehmen, sollten Sie diese Chance auf jeden Fall in aller Ruhe nutzen. Falls die Zeit drängt, bleibt Ihnen nichts anderes übrig, als eine Entscheidung zu treffen, die nur halb ausgebrütet ist. Da kann man dann nichts machen, das Leben ist nicht immer perfekt. Aber bei vielen Menschen wird sich schon sehr viel ändern, wenn es ihnen gelingt, nur fünfzig Prozent ihrer Entscheidungen im Selbstregulationsmodus zu treffen, denn die meisten Menschen in unserer Kultur gestatten sich dies nur selten, wenn überhaupt.

Die Psychotherapie hat eine Fülle von verschiedenen Techniken entwickelt, um den Dialog zwischen Verstand und emotionalem Erfahrungsgedächtnis in Gang zu bringen. Es gibt darunter drei Varianten, die sich in meinen Augen besonders gut dazu eignen, um sie selbstständig im ganz normalen Alltag einzusetzen. Ich werde Ihnen diese drei Varianten darum ausführlich vorstellen.

Variante 1: Beiderseitige Zustimmung

Diese Variante betrifft eine Situation, in der der Verstand zu einer bestimmten Entscheidung gekommen ist, die vom emotionalen Erfahrungsgedächtnis mit einem negativen somatischen Marker beantwortet wird. Und damit bleibt das Geschirr ungewaschen stehen, das Kapitel in der Diplomarbeit ungeschrieben und der Trimm-dich-Pfad auch an diesem Morgen sich selbst überlassen. Um dafür motiviert zu sein, das zu tun, was der Verstand für angebracht hält, muss das emotionale Erfahrungsgedächtnis dazu gebracht werden, einen positiven somatischen Marker zu schicken. Eine Möglichkeit, das emotionale Erfahrungsgedächtnis zur Zustimmung zu bewegen, ist, es mit einem entsprechenden Zukunftsbild zu locken. Erinnern wir uns, wie das System der somatischen Marker arbeitet. Es erstellt blitzschnell alle möglichen Arten von zukünftigen Szenarien, sucht diese nach vorhandenen Erfahrungen und den entsprechenden Bewertungen ab. Von der ersten Variante mit dem Ziel, einen aktuellen negativen Zustand zu »überspringen«, indem man ein positives Zukunftsbild erzeugt, das einen positiven somatischen Marker auslöst, bringt Damasio ein Beispiel aus dem Geschäftsleben, das zwar die Dinge stark vereinfacht, an dem man dafür das Prinzip gut erkennt:

> Stellen Sie sich vor, dass Sie und Ihre Mitarbeiter zur Rettung Ihres stagnierenden Unternehmens niedrigere Gehälter und Kurzarbeit akzeptieren müssen. Die unmittelbaren Aussichten sind zwar unerfreulich, aber der Gedanke an zukünftige Vorteile erzeugt einen positiven somatischen Marker, der die Neigung überlagert, gegen die im Augenblick unangenehme Wahlmöglichkeit zu entscheiden. Dieser positive somatische Marker, der durch das Vorstellungsbild einer angenehmen Zukunft ausgelöst wird, ist die Voraussetzung dafür, dass Sie die unmittelbaren Unannehmlichkeiten als Vorspiel zu einer potenziellen Verbesserung der Situation ertragen. Wie könnten wir uns sonst mit Operationen, Jogging, höheren Schulen und Studium abfinden? Durch reine Willenskraft, so könnte man vorbringen. Aber wie lässt sich dann Willenskraft erklären? Willenskraft ist auf die Bewertung eines bevorstehenden Ereignisses angewiesen, und diese Bewertung wird nicht stattfinden, wenn die Aufmerksamkeit nicht entsprechend auf die unmittelbar bestehenden Probleme und die späteren Vorteile gelenkt wird – auf das Leiden jetzt und die Entschädigung in der Zukunft. Nehmen Sie Letztere fort, und Sie stutzen Ihrer Willenskraft die Flügel. Willenskraft ist nur ein anderer Name für die Tendenz, sich an langfristigen Folgen und nicht an kurzfristigen zu orientieren.[14]

Ich habe ein Bild gezeichnet, um zu verdeutlichen, wie Variante 1 funktioniert: Die Aufmerksamkeit wird auf ein Vorstellungsbild in der Zukunft gerichtet. Der damit verbundene positive somatische Marker erzeugt genügend Motivation, um den momentanen unangenehmen Zustand auszuhalten.

Als ich die Überlegungen von Damasio zum ersten Mal gelesen habe, habe ich an den Rand des Buches gekritzelt: »Pädagogik! Jugendliche!!« Ich dachte dabei an das Null-Bock-Phänomen, mit dem viele Erwachsene, die sich in pädagogischer Absicht mit Jugendlichen befassen, zu kämpfen haben. Die innere Motivation, irgendeine anstrengende Ausbildung in Angriff zu nehmen, kann sich bei typischen Null-Bock-Jugendlichen dadurch entwickeln lassen, dass in einer sorgfältigen und ausführlichen Prozedur ein deutliches Vorstellungsbild von einer möglichen Zukunft entworfen wird, das einen starken positiven somatischen Marker auslöst.

Variante 2: Beiderseitige Ablehnung

In einem Seminar fragte mich kürzlich ein Teilnehmer: »Ich esse für mein Leben gern Schweinshaxe. Ich weiß, ich sollte abnehmen und daher weniger fett essen. Aber Schweinshaxe schmeckt so gut! Ich konnte nie davon lassen. Doch jetzt hat sich etwas geändert. Das ging folgendermaßen vor sich: Wenn ich fett gegessen habe, habe ich hinterher eigentlich immer Sodbrennen gehabt. Das habe ich bisher gerne in Kauf genommen, das war mir die Sünde wert. Nun habe ich kürzlich einen Artikel über Speiseröhrenkrebs gelesen. Darin stand, dass häufiges Sodbrennen auf die Dauer die Speiseröhre angreift und zu Speiseröhrenkrebs führen kann. Schlagartig war mir die Schweinshaxe verleidet. Ich habe seitdem keine mehr gegessen, weil ich keinen Speiseröhrenkrebs haben will. Aber ich hatte keinen positiven somatischen Marker, nur einen negativen. Es gelüstet mich immer noch, wenn ich Schweinshaxe rieche, aber die Vorstellung vom Speiseröhrenkrebs hält mich davon ab. Wie kann man das erklären?«

Diese Variante von Selbstregulation beruht darauf, dass das Bild vom Speiseröhrenkrebs einen negativen somatischen Marker ausgelöst hat, der so stark war, dass er den positiven somatischen Marker, den die Schweinshaxe hervorrief, überlagern konnte. Die Einigung zwischen Verstand und Gefühl war in diesem Fall dadurch hervorgerufen worden, dass beide Systeme in der Ablehnung eines Szenarios übereinstimmten.

Die Strategie, die dieser Seminarteilnehmer vor dem Lesen des Speiseröhren-Artikels angewandt hatte, bestand darin, sein emotionales Erfahrungsgedächtnis dazu zu bringen, der Absicht, auf Schweinshaxe zu verzichten, zuzustimmen. Er wartete also darauf, dass dieses zum Thema »Verzicht auf Schweinshaxe« mit einem positiven somatischen Marker reagieren würde. Stellen Sie sich das emotionale Erfahrungsgedächtnis im folgenden Dialog bitte als einen Verwandten vom Krümelmonster aus der Sesamstraße vor (der Einfachheit halber ersetze ich dabei die etwas umständliche Formulierung »emotionales Erfahrungsgedächtnis« durch das »Unbewusste«).

Seminarteitnehmer: »Schau her, liebes Unbewusstes, lass uns doch heute auf diese Schweinshaxe verzichten!«
Unbewusstes: »Schweinshaxe! Geeilllllll!«
Seminarteilnehmer: »Lass uns statt dessen lieber eine feine Salatplatte bestellen!«
Unbewusstes: »Haxe, Haxe, Haxe, lechz, gier, hhhmmmmm!«
Seminarteilnehmer: »Aber liebes Unbewusstes, wir müssen gesünder leben, so geht das nicht weiter, ich musste den Gürtel letzte Woche schon wieder ein Loch weiter machen!«
Unbewusstes: »HAXE, HAXE, HAXE! Und dazu ein leckeres BIIIIEEERRR!!!«

Mit dieser Taktik war der Seminarteilnehmer schon seit Jahren bemerkenswert erfolglos geblieben. Der Speiseröhrenkrebs-Artikel hat ein anderes Argument in die Debatte gebracht.

Seminarteilnehmer: »Hör zu, Unbewusstes. Willst du Speiseröhrenkrebs?« Unbewusstes: »Speiseröhrenkrebs? Arrrggghhh!« Seminarteilnehmer: »Also dann, keine Schweinshaxe.«
Unbewusstes (kleinlaut): »Okay, dann halt Salatplatte.«

Mit dieser Art der Beeinflussung des Unbewussten arbeiten diejenigen Institutionen der Gesundheitsvorsorge, die für ihre Informationsstrategie abschreckende Bilder von Raucherbeinen oder ausgemergelten Junkies benutzen. Sie setzen auf den Effekt, dass ein Szenario, das einen starken negativen somatischen Marker auslöst, ein verlockendes Verhalten im Augenblick unterdrücken kann. Auch Erziehung arbeitet in gewisser Hinsicht nach diesem Prinzip. Ein Kind lernt zum Beispiel, dass Diebstahl negative Konsequenzen haben kann. Wenn die Erfahrung der negativen Konsequenzen gut gelernt wurde, kann der damit verbundene negative somatische Marker das Kind angesichts der nächsten Süßigkeit davon abhalten, einfach zuzugreifen. In diesen Fällen erfolgt die Selbstregulation nicht über eine zu erwartende Belohnung, sondern über das Umgehen einer negativen Konsequenz.

Variante 3: Der Wortewechsel

Variante 3 der Selbstregulation geht ebenfalls von dem Fall aus, dass ein Mensch vom Verstand her völlig eingesehen hat, eine bestimmte Sache tun zu müssen, dass zu dieser Sache aber keine Zustimmung aus dem emotionalen Erfahrungsgedächtnis kommt, was wiederum die Motivation zur entsprechenden Handlung vermindert. Das Vorgehen in Variante 3 besteht darin zu überprüfen, mit welchem Bild das Thema vom emotionalen Erfahrungsgedächtnis verarbeitet wird. Erinnern wir uns: Gedanken erzeugen Vorstellungsbilder, die wiederum in körperliche Reaktionen münden. Dieser Vorgang geschieht auch schon angesichts einzelner Worte oder einzelner sprachlicher Formulierungen. Die Tatsache, dass zu einer bestimmten Absicht, die auf Verstandesgründen basiert, negative somatische Marker auftreten, kann damit zu tun haben, dass diese Absicht einfach nur in die falschen Worte gefasst wurde. In Worte nämlich, die mit negativen somatischen Markern geladen sind. In diesem Fall besteht der Beginn von Selbstregulation darin, diese Absicht mit anderen Worten auszudrücken, also einen *Wortewechsel* vorzunehmen. Das Thema bleibt dasselbe, lediglich dessen sprachliche Formulierung ändert sich. Diese Suche wird so lange fortgesetzt, bis aus dem emotionalen Erfahrungsgedächtnis ein deutlicher positiver somatischer Marker zu verzeichnen ist. Ein Beispiel soll das Vorgehen in Variante 3 verdeutlichen:

Fachpersonen, die im Coaching, in der Beratung oder in der Psychotherapie arbeiten, haben es immer wieder mit Menschen zu tun, deren Hauptthema darin besteht, sich abzugrenzen. Oft

kommen diese Menschen in die Beratung und haben ihre Handlungsabsicht selbst schon deutlich formuliert: »Ich bin völlig am Ende mit meinen Nerven. Ich muss lernen, mich abzugrenzen.« Oder: »Bitte bringen Sie mir bei, wie ich es schaffen kann, öfter Nein zu sagen.« Obwohl diese Menschen sich bereits für eine bestimmte Aktivität entschieden haben, können sie diese Absicht dann, wenn es nötig wäre, offenbar nicht in Handlung umsetzen. Ein Grund, weshalb dies nicht gelingt, ist in der mangelnden Zustimmung aus dem emotionalen Erfahrungsgedächtnis zu suchen.

Wenn wir an der Universität Zürich dieses Problem mit somatischen Markern bearbeiten, dann bitten wir die Klienten, sich auf ihre Eigenwahrnehmung zu konzentrieren; die Aufmerksamkeit nach innen, auf die Körperprozesse und die begleitenden Emotionen zu richten. Diese Übung können Sie auch an sich selbst ausprobieren, während Sie diese Zeilen lesen. Welche Körperempfindungen ruft das Wort »Grenzen« in Ihnen hervor? Viele Menschen reagieren darauf mit Körperveränderungen, die sie als unangenehm empfinden. Wie kommt das?

Das Gehirn eines Menschen, so erkläre ich es meinen Seminarteilnehmenden immer, funktioniert in dieser Hinsicht wie eine Internet-Suchmaschine, wie Google oder Yahoo. Geben Sie ein Wort in die Suchmaschine Gehirn, und es sucht Ihnen sofort alles, was es zu diesem Thema im Gedächtnisspeicher finden kann. Hanna und Antonio Damasio haben diesen Prozess anhand des Begriffs »Kaffeetasse« beispielhaft dargestellt.

Bei den meisten Menschen sind die Gedächtnisinhalte, die ihr Gehirn-Google zum Suchbegriff »Grenzen« liefert, mit negativen somatischen Markern gekoppelt. Die Menschen, denen es so geht, berichten beispielsweise von einem Gefühl der Blockade, das in ihrem Körper auftauche. Bei anderen Menschen zieht sich die Brust zusammen. Manche Menschen verspüren eine Aktivität in Armen und Händen, die, wenn sie den Körperimpulsen folgen, in eine Abwehrgeste mündet. In der Tat glaube ich – ohne es beschwören zu wollen –, noch nie einen Menschen getroffen zu haben, bei dem der Begriff »Grenze« einen positiven somatischen Marker auslöst. Und da, wie wir wissen, der »Go!«-Befehl aus dem emotionalen Erfahrungsgedächtnis den entscheidenden Handlungsimpuls setzt, ist es außerordentlich schwierig, sich »abzugrenzen«, denn dem emotionalen Erfahrungsgedächtnis fallen hierzu keine schönen Dinge ein, und der »Go«-Befehl lässt auf sich warten.

Die Lösung besteht in einem solchen Fall darin, nach Begriffen zu suchen, die positive somatische Marker auslösen. Ein Begriff, der für viele Menschen eine gute Alternative zu »Grenze« darstellt, ist das Wort »Freiraum«. Probieren Sie es mal bei sich selbst aus. Bei vielen Menschen öffnet das Wort »Freiraum« die Brust; sie beginnen, tiefer zu atmen, oder öffnen die Arme in einer weiten Geste. Auch dieser Prozess lässt sich in einem fiktiven Dialog verdeutlichen.

Mensch: »Hallo, Unbewusstes! Wir müssen uns dringend besser abgrenzen. Alle wollen was von mir, und ich lasse mich überall einspannen.«
Unbewusstes: »Da bin ich dagegen. Wenn wir uns abgrenzen, wirst du ein verbiestertes Etwas, das alle Kontakte zu lieben Menschen blockiert. Und verkniffene Mundwinkel kriegst du außerdem. Wie hässlich!«
Mensch: »Aber ich bin völlig erschöpft! Es geht so nicht mehr weiter, das alles frisst mich auf! Ich muss dringend lernen, öfter Nein zu sagen!«
Unbewusstes: »Vom Neinsagen halte ich gar nichts. Nein ist unsympathisch, pessimistisch und menschenfeindlich. Hierzu gibt's von mir

keine Zustimmung, auf keinen Fall, niemals! Alle Menschen mögen dich und deine Hilfsbereitschaft, das setzen wir nicht aufs Spiel!«

Derselbe Versuch mit dem Wort »Freiraum«:

Mensch: »Unbewusstes, ich habe eine tolle Idee. Wir werden uns ab heute mehr Freiräume gönnen. Dann haben wir mehr Zeit für uns und können Energie tanken.«
Unbewusstes: »Oh, das hört sich gut an! *Frei* gefällt mir gut! Damit tut man niemandem weh. *Raum* ist auch ein gutes Wort, es lässt dich größer werden und gibt Ausdehnung. Okay, von mir aus. Go!«

Wichtig bei dieser Art von Arbeit mit dem Wortewechsel ist wiederum die große Individualität, mit der die somatischen Marker bei den einzelnen Menschen auf denselben Begriff reagieren. Dies liegt daran, dass die einzelnen Gehirne zu den jeweiligen Begriffen teilweise unterschiedliche Erfahrungen gespeichert haben. In einem Seminar fand eine Teilnehmerin folgende sprachliche Alternative für das Grenzproblem: »Schlupflöcher nutzen«. Sie verband damit Assoziationen wie »List, Schläue, Humor, Augenzwinkern«. Insgesamt ergab sich bei ihr so etwas wie ein lustiges Abenteuergefühl, ähnlich dem eines Kindes, das versteckt auf dem Kirschbaum sitzt und sich diebisch darüber freut, dass es der Gartenarbeit entwischt. Eine andere Teilnehmerin konnte jedoch mit der Schlupfloch-Alternative gar nichts anfangen. Ihr Körper repräsentierte ihr diesen Begriff so, als müsse sich ein ausgewachsener Mensch in ein Mauseloch zwängen. Sie bekam eine äußerst unangenehme Körperempfindung von Eingeklemmtsein und Enge. Falls Sie versuchen wollen, für sich oder für andere mit dieser Technik des Wortewechsels zu arbeiten, müssen Sie darum auf jeden Fall beachten: Über die Richtigkeit oder die Unangemessenheit von somatischen Markern gibt es nichts zu diskutieren! Ausschlaggebend ist hierbei ausschließlich die Reaktion des Menschen, an dessen Vorstellungsbildern gerade gearbeitet wird.

Auf jeden Fall gilt aber: Beenden Sie ab heute alle Versuche, sich besser abzugrenzen. Suchen Sie stattdessen nach Schlupflöchern, Freiräumen oder Zeitinseln. Oder erfinden Sie eigene Worte oder Szenarien, bei denen Ihr emotionales Erfahrungsgedächtnis zu jubeln beginnt und Sie dazu motiviert, so zu handeln, wie Sie selbst es wirklich wollen.

Was gute Entscheidungen mit Glück zu tun haben oder: Warum Glücklichsein nicht zufrieden macht

Vermutlich sind Sie inzwischen ziemlich erstaunt, wie viel mit dem Thema der klugen Entscheidungen gekoppelt ist: Gefühle und Körperempfindungen sind damit verbunden, unbewusste Wünsche, psychische Gesundheit, Motivation, Verstand und Selbstregulation. Und jetzt taucht auch noch das Glück auf! Am Anfang habe ich Ihnen versprochen, dass Sie einige Entscheidungen in Ihrem Leben anders fällen werden als früher, wenn Sie dieses Buch bis zum Ende gelesen haben, erinnern Sie sich? Eigentlich müssten Sie bereits eine deutliche Vorstellung davon haben, dass Sie nun manche Situationen anders entscheiden würden als bisher, weil Sie sie nicht mehr nur durchdenken, sondern auch durchfühlen würden. In diesem letzten Kapitel möchte ich noch einen Schritt weiter gehen und Ihnen zeigen, dass kluge Entscheidungen eine noch viel weiter reichende Konsequenz mit sich bringen. Wer auf die Art und Weise klug entscheiden kann, wie ich sie in diesem Buch vertrete, der hat auch die Fähigkeit erworben, sich mit dem großen Thema »Glück« auf eine überraschend neue Weise auseinander zu setzen. Mir persönlich hat es sehr viel genützt, mein Lebensglück aus dieser Sicht zu betrachten, und ich möchte Ihnen meine Einsicht im Folgenden nahe bringen.

Sie erinnern sich: Das Gehirn ist dazu angelegt, dem Organismus, zu dem es gehört, das *Überleben* zu sichern. Es ist sogar dazu angelegt, nicht nur irgendein kümmerliches Überleben zu sichern, sondern *Wohlbefinden* zu erreichen. Mit anderen Worten: Ihr ganzer Organismus ist eigentlich dazu da, dafür zu sorgen, dass es Ihnen gut geht. Natürlich immer im Rahmen der Umstände, versteht sich. Es gibt jedoch auffallend wenige Menschen, die von sich selbst mit einem sichtbaren und glaubhaften Ganzkörpergefühl sagen: »Ich bin glücklich!« Probieren Sie es einmal bei Ihren Mitmenschen aus. Oder fragen Sie sich selbst. Die meisten Menschen schaffen es offenbar nicht, ihr Gehirn dazu zu benutzen, mehr Wohlbefinden zu erzeugen, obwohl das Gehirn genau darauf spezialisiert ist. Seltsam, nicht wahr?

Bevor ich Ihnen aufzeige, was Wohlbefinden, Zufriedenheit und Glück mit der Kunst, klug zu entscheiden, zu tun haben, muss ich noch etwas klarstellen: Wenn jemand mit seinem Leben nicht zufrieden ist, liegt das natürlich nicht nur daran, dass dieser Mensch mit sich einfach nur falsch umgeht. Es gibt viele äußere Gründe, die dazu führen können, dass Menschen sich sehr schlecht fühlen. Hunger gehört dazu, Krieg ebenfalls, Arbeitslosigkeit und Armut, Verlust von lieben Menschen oder schwere Krankheiten. Es ist in letzter Zeit in Mode gekommen, in zahlreichen Büchern, Seminaren und Zeitschriftenartikeln zum Thema »Glück« so zu tun, als sei jeder Mensch immer und überall selbst seines Glückes Schmied. Diese Haltung dem Leben gegenüber erinnert mich sehr an den amerikanischen Mythos vom Tellerwäscher, der zum Millionär werden kann, wenn er es nur richtig anpackt. Das mag vielleicht für einzelne Menschen zutreffen. Für das große Heer der »working poors«, zum Beispiel der Menschen, die mit drei Jobs gleichzeitig ihre Familie über Wasser halten müssen, wird dieser Mythos mit großer Wahrscheinlichkeit niemals Wirklichkeit werden. Und es ist menschenverachtend und zynisch zu suggerieren: »You can get it, if you really want!« Die große Mehrzahl der Menschen auf dieser Welt lebt abgeschnitten von ausreichend Wasser und Nahrung, von genügend Geld, vom Internet, von Bildungsmöglichkeiten und von moderner Medizin. So sind die Fakten. Und diese Fakten werden durch *politisches Handeln* geändert, nicht durch positives Denken. Ich bitte Sie, diese wichtige Einschränkung im Kopf zu behalten, denn sie dient dazu, die Verhältnisse etwas geradezurücken. Trotzdem können Sie etwas unternehmen, wenn Sie sich nicht so glücklich fühlen, wie Sie es gerne wären. Aber bitte: Vergessen Sie nicht, Ihr Problem auch unter einer politischen Perspektive zu betrachten. Und bevor Sie sich ausschließlich ins Seelchen verkriechen und von morgens bis abends psychologische Nabelschau betreiben, überlegen Sie, was Sie selbst dazu beitragen können, dass nicht nur Ihre Innenwelt, sondern auch die Außenwelt sich verbessert.

Mit diesem Aufruf zu Handeln im Kopf können Sie sich jetzt die psychologische Seite des Glücks genauer anschauen. Ausgangspunkt unserer Überlegungen ist die Art und Weise, wie Ihr Gehirn-Google funktioniert. Sie haben sie schon kennen gelernt, als ich Ihnen die Wortewechsel-Methode vorgestellt habe. Nachdem Sie darauf aufmerksam geworden sind, mit welch seismographischer Genauigkeit Ihr Körper Ihnen anzeigt, wie er einzelne Worte versteht und wie er sie mit Leben erfüllt, können Sie sich daran machen herauszufinden, was für Sie ganz persönlich Glück bedeutet. Denn jeder Mensch will glücklich sein, das ist selbstverständlich.

Ist das wirklich selbstverständlich? Oder glauben Sie nur, dass Sie nach Glück streben? Vielleicht haben Ihnen das die Medien eingeflüstert, und Sie haben nie überprüft, ob diese Form von Glücklichsein ein gutes Entscheidungsziel ist. Vielleicht *denken* Sie nur, dass Glück eine prima Sache sei, und vielleicht *fühlen* Sie es gar nicht. Vielleicht hat Ihr emotionales Erfahrungsgedächtnis überhaupt keine Lust, Ihre Vorstellung vom Glücklichsein mit einem positiven somatischen Marker zu versehen. Dann müssen Sie sich natürlich nicht wundern, warum Sie bisher nicht glücklich geworden sind. Denn Sie wissen nun, dass Sie Ziele, mit denen das emotionale Erfahrungsgedächtnis nicht einverstanden ist, nur im Selbstkontrollmodus umsetzen können. Dieser Modus funktioniert, wie wir gesehen haben, vielleicht, wenn Sie einen Termin für die Meniskusoperation machen, um Ihre Kniebeschwerden loszuwerden. Aber beim Glücklichsein funktioniert der Selbstkontrollmodus ganz sicher nicht. »Nun reiß dich endlich zusammen und sei glücklich! Das kann doch nicht so schwer sein!« Oder: »Mit ein wenig Disziplin schafft man es schon, glücklich zu sein! Aber heutzutage sind die Menschen alle viel zu verweichlicht! Es ist ja niemand mehr bereit, sich für eine Sache richtig anzustrengen!« Oder: »Du musst dich halt zwingen!« Daran, wie absurd solche Sätze wirken, sehen Sie, dass das Thema Glück und der Selbstkontrollmodus irgendwie nicht zusammenpassen.

Glück muss im Selbstregulationsmodus erzeugt werden, das ist die logische Folge. Und der Selbstregulationsmodus tritt ein, wenn Ihre bewusste Absicht von Ihrem emotionalen Erfahrungsgedächtnis den »Go!«-Befehl bekommt – das wissen wir alles schon. Nun probieren Sie bitte bei sich selbst einmal den folgenden Dialog aus, den ich so oder ähnlich mit Ihnen führen könnte:

»Sie wollen also glücklich sein?«, würde ich fragen.
»Oh ja, klar, unbedingt!«, könnten Sie antworten.
»Und das ist Ihnen bisher nicht gelungen?«, frage ich, um sicherzugehen.
»Nein, leider nicht. Gerade kürzlich saß ich auf der Terrasse und habe gedacht: Also, eigentlich hast du eine prima Familie, einen guten Job, eine schöne Wohnung. Und trotzdem bist du nicht glücklich. Irgendwas stimmt da nicht. Darum bin ich ja hier.«

In einem solchen Fall würde ich Sie bitten, das Wort Glück möglichst lebendig werden zu lassen und dann Ihre Eigenwahrnehmung »anzuschalten«. Was kann Ihr Körper mit dem Wort »Glück« anfangen? Wie fühlt es sich an, wenn er dieses Wort in Körperempfindung umsetzt? Bei der überwiegenden Anzahl der Menschen, die diesen Test machen, geschieht etwas Verblüffendes: Sie empfinden das Wort »Glück« von ihrer Körperempfindung her keineswegs nur als angenehm. Natürlich fallen den meisten Menschen dazu viele wunderbare Dinge ein. Aber das Wort »Glück« löst erstaunlicherweise zusätzliche Einfälle aus, die von negativen somatischen Markern begleitet sind, wenn man sich die Zeit nimmt, die Vorgänge im eigenen Körper genau zu beobachten. Manche Menschen empfinden es zum Beispiel auf Dauer als sehr anstrengend, glücklich zu sein. Ihr Gehirn-Google rückt das Wort »Glück« in die Nähe zu Worten wie »Euphorie« oder »überschwänglich«. Und wenn Sie sich mal an einen Zustand der überschwänglichen Freude erinnern, werden Sie spüren, dass dieser Zustand körperlich sehr anstrengend ist. Kein Wunder, Ihr Körper muss in einem solchen Moment mit einem ungeheuerlichen Gebräu an Hormonen zurechtkommen. So einen Hormoncocktail kann man wirklich nur ab und zu ertragen. Für Ihren armen Körper ist dauerndes Glück etwa so, wie wenn Sie ab jetzt nur noch Caipirinha, oder was sonst Ihr Lieblingsgetränk ist, trinken dürften, um Ihren Durst zu stillen. Es ist einfach unbekömmlich.

Manche Menschen verbinden mit dem Wort »Glück« auch so etwas wie Kontrollverlust. Und Kontrollverlust ist absolut ungesund für die menschliche Psyche, dazu gibt es Unmengen von wissenschaftlichen Ergebnissen. Der Gehirn-Google dieser Menschen fördert Assoziationen zutage wie »blind vor Glück« oder »alles durch die rosarote Brille sehen« oder »vom Glück überwältigt sein«. Und wenn angesichts dieser Worte das emotionale Erfahrungsgedächtnis auf die Bremse tritt, hat es völlig Recht.

Einer dritten Gruppe von Menschen fällt beim Wort »Glück« sofort auch das Wort »Neid« ein. Ihr emotionales Erfahrungsgedächtnis hat gespeichert, dass man Schwierigkeiten mit seinen Mitmenschen bekommen kann, wenn man glücklich ist. »Dir geht's wohl zu gut!« Oder: »Wenn's ihm zu wohl ist, geht der Esel aufs Eis tanzen!« Oder: »Vögel, die am Morgen pfeifen, frisst am Abend die Katz'!« Oder: »Komm du erst mal wieder auf den Boden, bevor ich weiter mit dir spreche!« Das sind alles Kommentare von Menschen, die einem anderen sein Glück nicht gönnen. Und dass es diese Menschen gibt, ist eine Realität. Falls Sie selbst von solchen Personen umgeben sind, tut Ihr Unbewusstes ebenfalls gut daran, Ihnen zu signalisieren, dass die Sache mit dem Glück kein reines Zuckerschlecken für Sie ist.

Dies sind die drei Fälle, die mir am häufigsten begegnen. Vielleicht haben Sie sich darin wieder gefunden, vielleicht haben Sie auch andere Gründe dafür, dass das Glück Ihrem emotionalen Erfahrungsgedächtnis verdächtig ist. Im Moment fällt mir kaum jemand ein, der mit dem Wort »Glück« in dieser reinen Form einen deutlichen und eindeutigen positiven somatischen Marker verbunden hat. Die überwiegende Mehrzahl von Menschen, die mir begegnet sind, hat in irgendeiner Form negative somatische Marker an die Glücksthematik gekoppelt. Und nach allem, was Sie schon wissen, dürfte klar sein, dass hierin ein wesentlicher Grund zu suchen ist, warum ein Mensch nicht glücklich werden kann.

Was ist zu tun? Sie können sich dem Glück aus Sicht der somatischen Marker auf zwei Wegen nähern. Die erste Möglichkeit besteht in der Wortewechsel-Methode, die Sie schon kennen gelernt haben. Ersetzen Sie das Wort »Glück« durch ein Wort, bei dem Ihr Unbewusstes einen eindeutigen und starken »Go!«-Befehl schickt. Dieses Wort müssen Sie für sich selbst herausfinden, es muss zu Ihrer Psyche passen wie ein maßgeschneidertes Kleidungsstück. Wenn Sie einfach etwas Vorgefertigtes übernehmen wie zum Beispiel »Von Tag zu Tag geht es mir in jeder Hinsicht besser« oder was dergleichen mehr in der Psycholandschaft herumschwirrt, werden Sie bestenfalls ein lauwarmes »Na ja, warum nicht« von Ihrem Unbewussten ernten – wenn nicht sogar Ablehnung. Denn wohin soll das führen, wenn es Ihnen jeden Tag besser und besser geht? Dann müssen Sie ja irgendwann platzen vor lauter Glück. Die menschliche Psyche ist auf Stabilität hin angelegt. Allzu viel Veränderung mag sie nicht. Sie braucht ganz dringend ihr Quantum Regelmäßigkeit und Beständigkeit, um gesund zu bleiben. »Jeden Tag besser und besser« ist angesichts dieser Tatsache eher eine Horrorvorstellung als etwas wirklich Erstrebenswertes.

Eine Frau, deren emotionales Erfahrungsgedächtnis sehr gut auf Bilder reagiert, hatte bei der Vorstellung, dass in ihrem Bauch ein Murmeltier friedlich schlummert, einen wunderbaren positiven somatischen Marker. »Das ist es!«, sagte sie. »Dieses Gefühl will ich haben. Es ist ruhig und gemütlich. Es bringt mich in meine Mitte und schickt mir ein wonniges Lächeln.« Gute Erfahrungen haben wir auch gemacht mit Worten wie »Zufriedenheit« (für manche Menschen zu bürgerlich), »Wohlbehagen« (für manche Menschen zu trivial), »Freude« (für manche Menschen immer noch zu anstrengend) oder »Genuss« (für manche Menschen zu sündig). Natürlich können Sie sich selbst auch beliebige Wortkombinationen anfertigen wie »leichte Freiheit« (für manche Menschen zu viel Luftikus) oder »spielerischer Tanz« (für manche Menschen zu theatralisch) oder »warmes, braunes Erdgefühl« (für manche Menschen zu träge). Sie sehen, Ihrer Phantasie sind keine Grenzen gesetzt. Sie probieren alle Worte aus, derer Sie in diesem Zusammenhang habhaft werden können. Sie können auch die Gehirne anderer Menschen um Wortspenden bitten. Was für Sie ganz alleine richtig ist, finden aber nur Sie selbst heraus. Mit Ihrem Signalsystem der somatischen Marker.

Der zweite Weg zum Glück, den ich Ihnen zeigen kann, besteht in einer gut trainierten Eigenwahrnehmung. Ich habe schon erwähnt, dass sehr viele Menschen zwar ihre *negativen* somatischen Marker gut wahrnehmen können, aber keine Ahnung davon haben, wie sich ein *positiver* somatischer Marker anfühlt. Negative somatische Marker sind überlebenswichtig, denn sie sind unser Alarmsystem. Für die Suche nach dem Glück sind sie jedoch nur bedingt zu gebrauchen. Sie zeigen uns natürlich deutlich, welche Situationen wir vermeiden sollen. Aber sie zeigen uns nicht, welche Situationen wir aufsuchen sollen. Wenn Sie auf der Speisekarte im italienischen Restaurant entschieden haben, dass Sie *keine* Pizza Margherita, *keine* Spaghetti vongole und *kein* Ossobucco wollen, wird das Servicepersonal mit diesen Äußerungen nicht viel anfangen können. Was benötigt wird, ist eine Angabe für die Küche, was Sie denn bitte gerne *wollen*. Und was Sie wollen, das kriegen Sie nur über *positive* somatische Marker heraus, nicht über negative.

Die Menschen aber, die ihre positiven somatischen Marker gar nicht kennen, haben keinerlei Hinweise darauf, was gut für sie ist.

Mir selbst ging es früher genauso. Ich erinnere mich noch gut an den ersten Urlaub, den ich mit meinem geliebten Mann zusammen verbracht habe. Er war damals nicht der Urlaubstyp, und ich hatte lange gebraucht, um ihn zu überzeugen und dazu einen halbwegs brauchbaren somatischen Marker von ihm zu erhalten. Endlich war es so weit. Italien im September. Wir fuhren bei strahlend blauem Himmel am Meer entlang, aus dem Autoradio sang Adriano Celentano. Und ich war nicht glücklich. »Wo bleibt dieses verdammte Glück?!«, fragte ich mich. Es kam nicht in Florenz, es kam nicht in San Gimignano, es kam nicht in Pisa. Wissen Sie, wann es kam? Nachdem wir einen ganzen Tag lang verzweifelt ein neues Hotel gesucht hatten, weil das Hotel, das wir von Deutschland aus gebucht hatten, sich als elende Bruchbude herausgestellt hatte, in deren Umgebung zwielichtige Gestalten herumlungerten, die – so mein Mann – auf nichts anderes warteten als darauf, unseren Volvo aufzubrechen und über Genua nach Afrika zu verschiffen. Wir hatten dieses Hotel verlassen, es regnete den ganzen Tag, und jedes andere Hotel, das wir aufsuchten, hatte alle Betten belegt. Wir waren heimatlos, in einem fremden Land. Außerdem hatte ich eine Fischvergiftung, weil ich schlechte Muscheln gegessen hatte. Mir war übel. Und dann, gegen Abend, entdeckten wir ein rostiges Schild mit abgeblätterter Farbe, das auf eine Villa Magnolia hinwies. Wir bogen in eine Seitenstraße ein, und vor uns lag auf einer kleinen Anhöhe in der Abendsonne eine wunderschöne alte Villa mit morbidem Charme. Wir fuhren die geschwungene Auffahrt hinauf, eine kettenrauchende elegante Dame mit dick gemalten Augenbrauen, roten Fingernägeln, Twinset und Perlenkette gab uns ein Zimmer, das unerwartet frei geworden war, und eine fette Katze schnurrte an unseren Beinen herum. Das Zimmer war ganz in Blau und Gold gehalten, überall blätterte die Farbe ab, das Bett quietschte himmelschreiend. Es war wunderbar. »Ach, jetzt hätte ich gerne einen Kamillentee«, äußerte ich unverbindlich (die Fischvergiftung, Sie wissen schon). Und obwohl mein Schatz nicht gut Italienisch spricht, machte er sich heldenhaft auf die Suche. Er war erfolgreich. Ein Tablett mit Biscotti und eine Tasse mit Camomilla. So saß ich im Bett, Kissen im Rücken und eine himmelschreiende Matratze unter mir. Mein Schatz streichelte abwechselnd die fette Katze und mich. Und auf einmal war ich glücklich.

Dieses Erlebnis gab mir zu denken. Und es war der Ausgangspunkt meiner wissenschaftlichen Suche nach dem Glück. Eine Tasse Kamillentee zur rechten Zeit hatte etwas bewirkt, was der gesamten Adriaküste, Adriano Celentano und allen Kunstschätzen von Florenz nicht gelungen war – ein Gefühl in mir zu erzeugen, das ich mit »Glück« in Verbindung brachte. Ich habe daraus eine wichtige Lehre gezogen:

Glück ist kein Gedanke, sondern ein Gefühl.

Seitdem habe ich in meinem Leben sorgfältig darauf geachtet, in welchen Situationen dieses Gefühl auftaucht. Natürlich müssen Sie, um diese Beobachtung machen zu können, zunächst einmal wissen, wie sich das Glück bei Ihnen anfühlt. Sonst wissen Sie ja nicht, auf was Sie achten müssen. Manche Menschen wissen das sofort. Mit anderen Menschen muss man sehr lange suchen, bis ihnen eine Situation einfällt, die ein Gefühl hervorgebracht hat, das als Grundlage für ihr persönliches Glücksempfinden dienen könnte. Wenn Sie selbst nach Situationen suchen müssen, kann ich Ihnen raten, Ihr Augenmerk nicht auf besonders sensationelle und atemberaubende Dinge zu richten. Nach meiner Erfahrung sind es meistens Angelegenheiten, die wir oft vorschnell als Trivialität abtun, welche die guten Gefühle erzeugen. In einer Fernsehsendung zum Thema »Glückspilze« erzählte ich einmal, dass ich ein gutes Gefühl habe, wenn ich neben meinem Mann auf dem Sofa sitze und er ein Fußbad nimmt. Ich habe damals absichtlich ein völlig unspektakuläres Beispiel ausgesucht, um in der Kürze der Zeit mein Anliegen klar zu machen. Hinterher habe ich überraschend viele Rückmeldungen von Zuseherinnen und Zusehern bekommen. Sie äußerten sich alle sehr erleichtert darüber, dass diese scheinbare Kleinigkeit als Glück gelten darf. Denn was in den Medien sonst als (Beziehungs-)Glück dargestellt wird, entspricht in keiner Hinsicht dem, was ein normales menschliches Gehirn zusammen mit einem gesunden Körper an guten Gefühlen im Alltag hervorbringen kann. Diese Vorbilder sind unrealistisch und falsch. Und sie sind gefährlich, weil sie die Menschen, die ihr Glück suchen, auf eine falsche Spur setzen. »Wenn ich mir das überlege, was Sie gesagt haben, sehe ich mein Leben ganz neu«, sagte mir ein anderer Studiogast gleich nach der Sendung. »Diese kleinen Momente mit gutem Gefühl habe ich eigentlich ganz oft am Tag. Aber ich habe sie nie beachtet.«

Dieser Studiogast hat es vermutlich ganz einfach auf der Suche nach seinem Glück. Er muss lediglich die Momente mit gutem Gefühl höher schätzen, als er es bisher getan hat. Menschen, die ihre positiven somatischen Marker gar nicht spüren oder ihnen bisher nicht genügend Beachtung geschenkt haben, haben dagegen oft einen langen Weg vor sich, denn sie müssen meistens ziemlich viel in ihrem Leben neu organisieren. Der Ablauf gestaltet sich so:

Zuerst müssen Sie herausfinden, wie sich ein positiver somatischer Marker bei Ihnen anfühlt. Bei mir ist es zum Beispiel ein Gefühl im Bauch, das sich tiefrot anfühlt, mit kleinen orangefarbenen Funken darin. Beim Erlebnis mit dem Kamillentee ist mir klar geworden, dass dieses Gefühl meiner persönlichen Vorstellung von geglückter Lebensführung entspricht.

Wenn Sie Ihren positiven somatischen Marker identifiziert haben, setzen Sie Ihre Eigenwahrnehmung in Funktion. Beobachten Sie sich selbst, am besten laufend, möglichst den ganzen Tag über. Und achten Sie darauf, welche Situationen in Ihnen Ihr Lieblingsgefühl auslösen. Es hat sich bewährt, wenn man hierzu eine Art Tagebuch führt. Wenn Sie sich vier Wochen lang beobachtet haben, verfügen Sie über einen guten Überblick über verschiedenste Situationstypen.

Wenn Sie sich einen solchen Überblick erarbeitet haben, können Sie damit beginnen, Ihr Leben systematisch so einzurichten, dass von diesen Situationen, die Ihnen gut tun, möglichst viele in einem ganz normalen Tag Platz haben. Das lässt sich gut machen, eben gerade weil die positiven somatischen Marker keine florentinischen Kunstschätze brauchen, um aufzutreten. Es genügt ein Fußbad oder ein Kamillentee. Und wenn Sie Ihr bisheriges Leben auf diese Art ausmisten und neu einrichten, dann haben Sie sich über kurz oder lang einen Alltag gestaltet, der viele positive somatische Marker enthält. Und dann können Sie eine Verfassung genießen, die sich nach einem guten Leben anfühlt.

Abschlussgedanken

Eigentlich wissen Sie jetzt, was nach meiner Erfahrung wichtig ist, um die vielen kleinen entscheidenden Weichen im Leben so zu stellen, dass langfristig eine gute Bilanz dabei herausschaut. Wenn ich in meiner Arbeit mit Menschen an diesem Punkt angelangt bin, bleiben aber meistens noch zwei Fragen offen, die geklärt werden müssen.

Die Grundaussage dieses Buches lässt sich dahin gehend zusammenfassen, dass ich Sie, liebe Leserin, lieben Leser, dazu einlade, mehr von dem zu tun, was Ihr Wohlbefinden steigert. Gute Entscheidungen sind die, die den Menschen zufrieden machen. Gute Entscheidungen werden durch einen positiven somatischen Marker angezeigt. Wenn Sie mit Hilfe Ihrer somatischen Marker Ihr Leben hauptsächlich im Selbstregulationsmodus gestalten, errichten Sie einen wirksamen Schutz vor psychischer und körperlicher Krankheit, und die Wahrscheinlichkeit steigt, dass Sie am Ende Ihrer Tage rückblickend sagen können: »Ich habe in meinem Leben gute Entscheidungen getroffen.« Vielleicht nehmen Sie sich in den nächsten Tagen einmal die Zeit und stellen sich vor, wie Sie Ihr Leben beurteilen würden, wenn Sie mit achtzig Jahren darauf zurückblicken könnten.

Bei solch einem Rückblick geht es um nichts anderes als um Entscheidungen, die im Nachhinein beurteilt werden. Habe ich den richtigen Mann geheiratet? Habe ich den Menschen, die ich liebe, meine Liebe gezeigt? War es vernünftig, den Vater ins Pflegeheim zu geben? Habe ich die Arbeit gewählt, die mein Leben mit Sinn erfüllt? Habe ich klug reagiert, als meine Tochter zum ersten Mal Haschisch geraucht hat? War es richtig, mit dem Nachbarn über die Lautstärke des Rasenmähens zu prozessieren? Hat es sich gelohnt, auf meinen Traum vom Fallschirmspringen zu verzichten, weil meine Frau Angst um mein Leben hat? Warum eigentlich habe ich ein Leben lang Diät gelebt? Habe ich meine Aufmerksamkeit auf die Dinge gelenkt, die mir etwas bedeuten?

Die Quintessenz meiner theoretischen Überlegungen und meiner praktischen Erfahrungen ist: Ein Mensch ist umso zufriedener mit seinem Leben, je öfter seine Entscheidungen mit positiven somatischen Markern einhergegangen sind. – Also haben Sie hiermit die offizielle Erlaubnis, in Ihrem Leben danach zu entscheiden, was Ihrem Wohlbefinden nützt.

An dieser Stelle regt sich aber meist bei irgendjemandem Widerspruch. »Wo sollen wir denn da hinkommen, wenn jeder nur noch das tut, was ihm Spaß macht!«, höre ich regelmäßig. Das ist eine gute Frage. Ja, wo sollen wir denn da hinkommen? Wir kommen zu einer Welt, in der zufriedene Menschen leben!

In vielen Köpfen steckt die Vorstellung, dass es egoistisch sei, das eigene Wohlbefinden als Entscheidungskriterium zu benutzen. Und egoistisch will niemand sein. Egoistische Entscheidungen sind in der Tat keine klugen Entscheidungen. Denn jemand, der in seine Entscheidungsfindung nicht einbezieht, wie die Umwelt auf seine Entscheidungen reagiert, handelt, langfristig betrachtet, unklug. Erinnern Sie sich an Phineas Gage und an Elliot? In dem Moment, als diese die Fähigkeit verloren hatten, die Reaktion ihres sozialen Umfeldes in ihre Entscheidungen mit einzubeziehen, ging es mit ihrem Leben bergab. Daraus lässt sich ein wichtiger Schluss ziehen: Das emotionale Erfahrungsgedächtnis arbeitet *nicht* egoistisch! Ihr emotionales Erfahrungsgedächtnis kümmert sich zwar ausschließlich um Ihr Wohlbefinden, aber es tut dies *gemessen an den Erfahrungen,* die Sie in Ihrem Leben gesammelt haben. Und darum zieht es auch die Reaktionen der Außenwelt mit ins Kalkül, bevor positive oder negative Signale gesendet werden. Das emotionale Erfahrungsgedächnis arbeitet altruistisch und sozial.

Kürzlich besuchte eine 48-jährige verheiratete Frau aus einem meiner Seminare. Sie hatte drei Kinder und war mit einem typischen Selbstverwirklichungsproblem gekommen. »Ach, ich möchte endlich mal *mich* in den Mittelpunkt stellen!«, rief sie. »Immer habe ich verzichtet. Immer waren die Bedürfnisse der anderen wichtiger. Jetzt bin ich mal dran!« Das war seit einiger Zeit ihr Vorsatz. Sie hatte ihn bisher aber nie in die Tat umgesetzt, obwohl die Zeit dafür günstig war, denn die Kinder waren aus dem Gröbsten raus. Warum? Ihr emotionales Erfahrungsgedächtnis schickte ihr keinen positiven somatischen Marker bei der Vorstellung, sich selbst in den Mittelpunkt zu stellen. Was war der Grund? Wir untersuchten ihre Vorstellung genauer: »Wenn ich mich völlig in den Mittelpunkt stelle, werde ich vereinsamen. Ich werde den Kontakt zu meinem Mann und zu meinen Kindern verlieren. Ich liebe aber meine Familie, ohne meine Beziehungen bin ich unglücklich.«

Merken Sie, wie sozial das emotionale Erfahrungsgedächtnis bewertet? Es bezieht in seine Auswertung haarklein mit ein, dass diese Frau eine bestimmte Menge an Beziehung und Eingebundensein dringend benötigt, damit es ihr gut geht. Und dass die radikale Vorstellung von Selbstverwirklichung, die sie in ihrem Bewusstsein entwickelt hatte, ihr nicht gut tun würde. Die Lösung für diese Seminarteilnehmerin bestand in einem ziemlich langwierigen Prozess von Rückmeldeschleifen, bis sie eine Möglichkeit fand, im Rahmen eines guten Familienlebens bestimmte einzelne Situationen mehr für eigene Interessen zu nutzen. Sie bestimmte zum Beispiel den Mittwochabend zur Frauenzeit und teilte ihren Lieben mit, dass sie an diesem Abend jeweils nicht zur Verfügung stehe. Erst als in einem sorgfältigen und teilweise diffizilen Abwäge- und Fühlprozess eine Möglichkeit gefunden war, Selbstverwirklichung und Familienleben zu kombinieren, hatte die Seminarteilnehmerin einen eindeutigen positiven somatischen Marker. Er bestand bei ihr übrigens darin, dass sie das Gefühl hatte, wie eine Rose aufzublühen. Aber eben nicht alleine, sondern in einem Garten, zusammen mit anderen Pflanzen.

Der langen Rede kurzer Sinn: Scheuen Sie sich nicht davor, es sich gut gehen zu lassen. Trauen Sie sich, in einem sozialen Sinne egoistisch zu sein. Wenn Sie über ein unverletztes Gehirn verfügen, bezieht Ihr emotionales Erfahrungsgedächtnis alle Ihre Erfahrungen mit Reaktionen der Außenwelt in die Entscheidung mit ein.

Die zweite Frage, über die ich noch sprechen möchte, betrifft die *Menge* von gutem Gefühl, die ein Mensch braucht, um mit seinem Leben zufrieden zu sein. Schalten Sie Ihre Eigenwahrnehmung an, und überlegen Sie in Ruhe. Das Ergebnis wird Sie verblüffen. Die meisten Menschen, die ich kenne – und auch ich selber – wollen bei genauer Betrachtung gar nicht ununterbrochen glücklich sein. Sie wollen etwas anderes, so meine Erfahrung: Sie wollen möglichst wenig negative Gefühle spüren, viel Zeit in ganz normalen, neutralen Zuständen zubringen und regelmäßigen und vorhersehbaren Zugriff auf gute Gefühle haben. Dann sind sie zufrieden. Ich glaube, Sie fahren sehr gut, wenn Sie für sich selbst herausfinden, wie denn Ihre ganz persönliche Glücksmenge gemischt sein muss, damit Sie mit Ihrem Leben zufrieden sind. In einem Interview mit dem Dalai-Lama las ich kürzlich, dass selbst dieser weise Mann, der ein Meister der inneren Ausgeglichenheit ist, mehrmals am Tag mit unerwünschten Gefühlen zu tun hat. Dann sollten doch wir Normalsterblichen unsere Messlatte ruhig ein wenig tiefer hängen. Schon eine Verringerung des Anspruchsniveaus kann viel Entlastung bringen, das können Sie mir glauben. Um mit gutem Gefühl zufrieden zu sein, kann es manchmal schon ausreichen, nicht immer glücklich sein zu müssen.

In diesem Sinne wünsche ich Ihnen Mut zum Experiment mit klugen Entscheidungen, eine gute Freundschaft mit Ihrem emotionalen Erfahrungsgedächtnis und viele wunderbare somatische Marker!

Ihre

Maja Storch

Anmerkungen

[1] Roth, G. (2001). Fühlen, Denken, Handeln. Wie das Gehirn unser Verhalten steuert. Frankfurt am Main: Suhrkamp, S. 231.

[2] LeDoux, J. (2001). Im Netz der Gefühle. Wie Emotionen entstehen. München: Deutscher Taschenbuch Verlag, S. 178.

[3] Damasio, A. (1994). Descartes' Irrtum. Fühlen, Denken und das menschliche Gehirn. München: List, S. 236.

[4] Ebenda, S. 263.

[5] Ebenda, S. 239.

[6] Ebenda, S. 31.

[7] Ebenda, S. 77.

[8] Pinel, J. P. J. (2001). Biopsychologie. Heidelberg: Spektrum Akademischer Verlag (Aus: *Newton's Madness: Further Tales of Clinical Neurology* von Harold L. Klawans, 1990, New York: Harper & Row, S. 12–14).

[9] Damasio (1994), S. 108.

[10] Kuhl, J. (2001). Motivation und Persönlichkeit. Interaktionen psychischer Systeme. Göttingen: Hogrefe, S. 179.

[11] Ebenda, S. 225.

[12] Storch, M. & Krause, F. (2002). Selbstmanagement – ressourcenorientiert. Grundlagen und Trainingsmanual für die Arbeit mit dem Zürcher Ressourcen Modell ZRM. Bern: Huber.

[13] Ebenda.

[14] Damasio (1994), S. 240.